市民が提案するこれからの移民政策

NPO法人APFSの活動と世界の動向から

吉成勝男・水上徹男・野呂芳明 編著

現代人文社

◎はじめに

1 移民政策について考えてみよう

　「日本には移民政策がない」と聞いたことがある人は少なくないだろう。もちろん実際のところ、日本には外国からの人の出入りを管理する入管法（「出入国管理及び難民認定法」）のような法律が整備されており、また国内には多数の外国人住民が暮らしている。しかもグローバリゼーションの進行する状況下、その数は増加傾向にある。したがって、「移民」政策はないとしても、外国人政策のようなものは存在するのである。しかし、それらは昨今の時勢の変化にさらされ、基本的な考え方、理念のあり方までもが問われるようになってきた。

　一般の日本人であっても、これとまったく無縁であり続けることはなくなりつつある。たとえば、社会生活場面で外国人住民と接しコミュニケーションを交わすのは珍しいことではないが、そうした交流を通じて、私たち日本人の側も外国人に対する日本の政策と向き合う必要に迫られる場面があるかもしれない。また、今日の国際的な労働市場のなかで、いくつかの国々の間で有能な人材（「高度人材」）の獲得競争のような展開もみられる状況下、私たちは外国人に対する自らの姿勢を振り返るだけでなく、他国の戦略的な移民政策について学び、考えるべき時期を迎えているようである。あるいは、高度人材のみに限定せず多様な人材を獲得するという視点においても、日本はすでに出遅れているという見方もあるだろう。

　海外から来訪しニューカマーと称された人々の増加が注目されてから、約30年が経過した。過去10年の間だけでも移民の受け入れについては多様な論議があり、大規模に受け入れることを奨励したり、受け入れの難しさが指摘されたり、その主張は一様ではない。それでも、日本社会の少子高齢化が進み労働力人口のみならず国内の総人口も減少しはじめた今日、外国人を労働力として積極的に受け入れる方向に政策的議論が再び高まりつつあるようだ。

　しかし、これまでの議論をみると、労働力確保のための外国人政策に偏る傾向があり、その労働のために来日する外国人が単なる労働力ではなく、それぞれかけがえのない人生を歩む生活者であるという理解が不十分であるよ

うに感じられる。これらの人びとを日本国内で働きながら暮らし、生活の基盤を築くなかで定住に向かう可能性をもつ人びとして正面から向き合い、日本の同じ場所のなかで共に生きる道筋をつけるのは、とても大切なことではないだろうか。そのための政策を整えていくことが不可欠であるが、それらこそが「移民政策」といえるのかもしれない。

本書では、外国人住民が日本社会に暮らすなかで抱える諸問題に対応するさまざまな実践活動を通して、また外国の移民政策の事例をとりあげて、移民政策について考える。より具体的には、これからの日本が、①外国人住民の生活を第一に配慮するという人道主義の原則に立ち、②来日した外国人（母国に戻った帰還者も含めて）を国際交流と相互理解に不可欠な文化資本を有する人材と位置づけ、さらに、③日本の経済・社会発展に向けた戦略的観点、にもとづき外国人材を活かすために、「移民政策」を体系的に展開する必要性について、複数の論点からの立証を試みる。

2　本書における3つの論点

まず始めに、本書全体の導入の役を果たす序論として、「移民」「移住者」の用語について簡潔に述べておきたい。現在、両者は時に同義に使用されることもあるが、時代によって「移民」の方が一般的に使用されていた（「日系移民」など）。なお、移民には出移民（emigration）、入移民（immigration）の両方向が含まれる。そして、「移住者」（migrant／migrants）は、その「移民」よりも広義に使われることもある用語といえるだろう。本書ではそれらを厳密に使い分けず、それぞれの著者の規定に則った用語として適用している。

さて、本書が移民政策を論じるにあたり最も重要な経験的論拠とするのは、NPO法人APFS（Asian People's Friendship Society）の約30年間におよぶ活動である。1980年代半ばに東京都板橋区内に設立されたAPFSは、上記の用語における「移民」（来日し定着した外国人）ないし広義的には『移住者』に対する支援活動に持続的に取り組み、社会のニーズに合わせてその活動の幅を広げてきた。本書ではAPFSのこれまでの活動とその成果を紹介し世に問うとともに、外国人支援の実例や支援するテーマの推移を通して、移民政策のあるべき方向性や解決すべき課題について、市民の立場から具体的に明らかにしていく。

その際、第2の重要な論点となるのが、外国人受け入れにかかわる政策の

動向である。先に言及した入管法については、2012年7月に重要な制度変更が施行され、外国人の滞在条件が大きく変わったとメディアや一部関係者の間で取り上げられた。簡潔に紹介すると、日本国内に中長期間滞在する外国人に対して新しい在留管理制度を導入したのである。具体的には、中長期在留者に「在留カード」、特別永住者（朝鮮半島など旧植民地出身で第二次世界大戦終結前から日本国内に在住していた者やその子孫など）には「特別永住者証明書」を発行する。これら外国人住民は、以前は「外国人登録法」にもとづき日本人とは別に個別自治体毎に管理されていたが、同法は廃止となり、外国人住民にも日本人と同様に住民基本台帳法を適用して住民票を作成し、転入・転出を管理することになった（山田・黒田2012:11）。

　入管法に関しては、見落としてはならない重要な政策がもう一つ導入された。法の改定施行に少し先立つ2012年5月にスタートした「高度人材ポイント制」である。日本の産業や学術研究の発展に高く寄与する人材（高度人材）として高得点に評価される外国人に対して、種々の在留資格上の優遇措置（通常3年の在留期間を5年に延長する、家族の同伴をより広範に許可する、等）を供与するというもので、在留資格「特定活動」の一類型に位置づけられ、同年7月の改定入管法施行をふまえ「最長5年」の在留期間が付与された。外国人の受け入れを自国の経済・社会発展と結びつける戦略的な方向へ政策の目が向き始めたことが読み取れるだろう。ちなみにOECD（経済協力開発機構）の『International Migration Outlook 2014』によると、2012年5月の制度開始から最初の11か月間で約430人が高度人材と認定された。ほとんどがすでに日本国内に在住していた者であり、また中国人が過半数を占めていた（OECD 2014: 268-9）。この新たな制度の評価には、少し時間が必要だろう。

　こうした制度変更は、外国人の生活に直接大きな影響を及ぼす。在留外国人数の増勢や高度人材に対する需要の高まりをふまえた改正として、一定の積極的意義を認めることもできるだろう。しかし他方で、在留期限を過ぎオーバーステイになった外国人には在留カードが交付されないために、行政が住民に提供するサポートも受けられなくなってしまう。それ以外にも管理色が今まで以上に濃くなったという見方もある。たとえば「同制度の導入に伴い、次のような在留資格の取消し事由が設けられた。①上陸後又は住居地を退去した後90日以内に住居地の届出をしないこと（正当な理由がある場合は除く）、②配偶者の身分を有する者としての活動を継続して6月以上行わないで在留すること（正当な理由がある場合は除く）。在留資格の取消しは退去につ

ながる。その他多くの厳しい義務規定、取消し事由、退去強制事由、罰則が設けられている」(水上 2012:61)。

　これらの制度やその変更と、実際にその制度の下で生活する人々との関係やそこで生じうる諸課題について、全体像を把握するのは難しいだろう。高度人材に対する優遇、在留外国人管理の強化など、明確な政策的意図をもった働きかけであっても、人の移動と定住の蓄積が進んでいくと、やがては当初に意図していなかった帰結をもたらすこともありうる。

　それゆえ、重要な第3の論点とすべきなのが、移民国家と称される移民の比率が非常に高い国々を含めた諸外国の状況はどうなっているのかということである。国により地政学的な事情も歴史的経緯も異なるとはいえ、移民受け入れや送り出しの経験を蓄積するなかで培われた理念や方法論は、私たち日本の国家や市民が多様な外国人住民と共に暮らす社会を構想し築いていくために欠かせない糧になるだろう。

3　本書の構成

　以上の論点をふまえ、本書は以下のような3部構成としている。

　第1部の3つの章は、本書全体の導入として、私たちが移民政策を構想する際に考慮すべき諸問題を論じている。すなわち、移民政策をこれまでの移住研究の流れにおいて位置づけ理解すること、日本において進行する少子高齢化・人口減少が移民受け入れに関する議論や政策に及ぼす影響の考察、そして移民を受け入れることの効果と逆効果についての考察である。日本が今後どのような国になるのを目ざすのか、という大きな目標のもとで幅広い観点や研究領域から検討を重ね、冷静な議論を十分に積み上げていく必要性が述べられる。

　第2部の4つの章は、主に就労を目的に日本に来訪し定住した外国人住民に焦点をあて、オーバーステイにより非正規滞在者となったために直面する困難や地位の不安定、強制退去者を収容する入国管理局の収容施設における処遇の実態と課題、外国人に対する日本の社会福祉制度の運用の実情と課題などを取り上げている。それらを通じて明らかになるのは、外国人の置かれた立場の弱さや言葉の壁などのゆえに、問題を抱えても必要なサービスや支援になかなかたどり着けない実態である。そのような時、日常の生活空間に

近い範囲に交流、相談、支援の場があることの有効性はきわめて高い。1980年代半ばから急増した就労外国人と日本人住民の相互扶助を目的として設立されたAPFSは、その役割を果たしてきた有力な市民団体の一つである。「移民」を正面から認めていない制度の障壁を乗り越え在留特別許可を求める外国人住民を支援して、市民の立場から時に日本の入管行政と厳しく渡り合ってきたその活動事例の紹介から、私たちは、外国人住民・日本人住民の相互の学び合いや支援がいかに重要であるかを読み取ることができるだろう。そしてまた、個別ケースの支援を越え、将来の「移民政策」の展開を見据える必要性に突き当たるのである。

第3部では、移民政策を論じるうえでもう一つ重要になる諸外国の政策の動向を取り上げ、各方面の研究者、専門家がいくつかの国における移民政策を紹介している。ここで扱われるのは、現在、移民の送り出し国、あるいは受け入れ国という特徴を示す事例である。かつて、日本は顕著な移民送出国であった。現在は移民受け入れ国の様相を呈しているが、19世紀後半から20世紀前半にかけて大規模な労働者をアメリカ合衆国やブラジルなどに送り出していた。実際、移民送出国から移民受け入れ国への転換など、時代によって異なる形態を示す国々は多い。厳密には複雑な人の移動のなかで、送り出しと受け入れが同時に起こっており、その度合いの変化ということになる。

ここで重要なのは、送り出しであれ受け入れであれ、いずれの国も何らかの戦略的な指針で動いているということである。経済発展、外交戦略、労働市場政策、人口政策、知識・技術修得や移転など、移民はさまざまな国家戦略と結びつけられていることが、各章において論証される。それらは、われわれ市民だけでなく行政レベルでも、今後の移民政策を構想するうえで有益な情報となることが期待される。

本書は読者の幅が必然的に限定される専門研究書というよりも、外国人移住者とそれをめぐる諸問題に関心をもつ広い読者層を目ざしている。編集委員会では、次のような読者を想定した。このテーマに関心をもつ一般の市民、外国人住民支援やそれに類した活動をしている活動家、自治体行政の実務に従事し問題関心をもつ職員、大学などでこのテーマに関心をもち勉学を志す初学者、このテーマを広く俯瞰し、自身の観点の整理に役立てたい研究者などである。今後、私たちがふつうに日常生活を送るなかで、外国人住民とさ

まざまな形で交流する場面がますます増えてくるだろう。それゆえ、ともに暮らしていく「市民」の目線、その立場から移民政策を論じるのは、国家の戦略としてマクロな観点からする議論と同じかそれ以上に重要になるのではないだろうか。

[参考文献・資料]
・法務省入国管理局 2015a「入管法が変わります」。http://www.immi-moj.go.jp/nyukan2015/
・法務省入国管理局 2015b「高度人材ポイント制による出入国管理上の優遇制度」（リーフレット）http://www.immi-moj.go.jp/newimmiact_3/pdf/150406.pdf
・水上洋一郎 2012「在留カード導入をめぐる一考察　入管行政は交流共生社会構想に役割を果たせるか」『移民政策研究』Vol.4: 61-67.
・OECD 2014 *International Migration Outlook 2014*　OECD Publishing.
・出入国管理関係法令研究会編 2014『ひと目でわかる外国人の入国・在留案内——外国人の在留資格一覧《14訂版》』日本加除出版株式会社。
・山田鐐一・黒木忠正 2012『よくわかる入管法 第3版』有斐閣。

2015年5月

編者　野呂芳明
　　　水上徹男
　　　吉成勝男

市民が提案する これからの移民政策
NPO法人APFSの活動と世界の動向から

目次

はじめに……… ii

第1部
移民政策をめぐる諸問題

第1章　移住研究からみた移民政策　　水上徹男・野呂芳明………3
第2章　少子高齢化は、外国人受け入れにどのように影響するか？
　　　　野呂芳明………19
第3章　移民受入れの効果と逆効果　　依光正哲………31

第2部
外国人居住者支援にかかわる
制度・政策的課題

第4章　転換期の外国人支援運動　　吉成勝男………45
第5章　外国人住民が制度の障壁を乗り越えるために
　　　　――「個別支援」から「集団支援」へ　　加藤丈太郎………61
第6章　入管収容施設の在り方
　　　　――英国の収容施設と比較して　　児玉晃一………72
第7章　移民と日本の社会福祉制度　　南野奈津子………84

第3部
海外の移民政策の動向

第8章　アメリカの移民政策
　　　　――頭脳獲得と労働者確保を図る戦略　本田量久…………97

第9章　ブラジルの移民政策
　　　　――新移民の受け入れ策と在外市民への支援策
　　　　アンジェロ・イシ…………111

第10章　フランスの移民政策
　　　　――統合と排除の試練　宮島喬…………125

第11章　中国の移民政策
　　　　――国家戦略としての留学政策を中心に　唐燕霞…………140

第12章　韓国の移民政策
　　　　――移民送出国からの移民受入れ国へ変貌
　　　　張元皓・崔佳英…………153

第13章　フィリピンの移民政策
　　　　――「移民大国」の現状と将来　新田目夏実…………170

第14章　オーストラリアの移民政策
　　　　――人口・経済問題と多文化主義の展開　水上徹男…………187

あとがき…………201

第1部
移民政策をめぐる諸問題

第1章

移住研究からみた移民政策

水上徹男
立教大学社会学部教授

野呂芳明
立教大学社会学部教授

1. 大規模な人の移動と研究対象

　人の移動の研究は、アフリカを起源とする人の拡散などの人類史、そして紀元前の移動、近現代の動向にいたるまで幅広く、人類学や社会学においても新しいテーマではない。移住については、考古学的な研究や歴史的な専門領域を除いたとしても、さまざまな研究分野が関係する。今日の国際的な人の移動と関連する移民政策も、グローバル化の進展のなかで多様な領域の課題となり、アメリカ合衆国やカナダなどの移民国家と言われてきた国々以外でも注目されている。政治学、法学、経済学、経営学、地理学、そして人類学や社会学で今日的な課題として取り上げられる。社会福祉や教育学の領域はもちろんのこと、宗教やメディアの領域も関係する。移住そのものが複雑な現象であるが、それがさらに多様化の度合いを増した複合領域のテーマとなり、政策課題としてもいくつかの領域を扱うことになる。経済協力開発機構（Organisation for Economic Co-operation and Development、以下OECD）加盟国には、その人口の約1割にあたる約1億1千百万の移民（immigrants）が存在している（OECD 2014: 36）。2014年度のOECDの報告も「移民政策の不確実な時代」と提示、「新たな状況への順応と一層の柔軟性の構築に対する能力を発揮することが、さらに重要になってきた」（同書: 10）と指摘された。本書で一つひとつの領域を網羅することはできないが、本章では移住に関する研究のスキームの変化や移民政策の方針の変化などの事例を取り上げて、これまでの理解と今日の課題の整理を試みる。

国際的な人の移動に関する社会学などの研究では、これまで移住前と移住後、あるいは上陸前と上陸後という、基本的に2つの領域が設定されてきた。移住動機や人の移動の要因などの移住にいたるまでのプロセスと、ホスト社会への適応という移住してからの空間的な相違がある。移住以後の調査でも、移住以前との生活様式の変化などを扱う場合があるが、大まかに前者は個人や集団の移住行為が完結するまでの経緯、すなわち移住意思の決定などを分析対象にする。後者は、移住行為が完結した後の生活様式の変化を捉える。ホスト社会への適応を観察あるいは適応の度合いを測定する研究領域となり、同化（assimilation）や統合（integration）などの概念を用いて、個人や集団が新たな社会環境にいかに適応しているかなどを描写してきた。これらの領域設定に加えて、新たな見方も登場した。とくにグローバリゼーションの進展とともに、移動形態そのものあるいはホスト国での定住様式の変化などと関連している。運輸・通信技術の進歩は、国際移動の時間的・空間的な縮小化をもたらし、新たな経済活動や生活様式が現れた。そのような状況を描写するに当たり、1990年代以降に用いられる機会が増加してきた概念として、トランスナショナリズム（transnationalism）がある。移住行為が完結しても送り出し国と受け入れ国の両方にかかわって生活する形態、あるいは移住行為が完結したという状態より、移住行為の途上のような状態で、出身国との絆を堅持したままホスト国で暮らしているような生活となる。したがって、従来の2つの領域設定に加えて、複数の地域での生活を対象とする3つ目の領域と言えるかもしれない。出身国からの移動、目的国での生活、そしてその両方での生活およびネットワークという領域の分析フレームなどを考察しながら、移住や移民政策について以下に考察する。

2．移住のプロセスと押し出し・吸引モデル

　移住のプロセス、移住という行為が完結するまで、つまり目的地に上陸するまで、の経緯を対象にしたフレームとして、押し出し・吸引モデル（push-pull model）がある。このモデルは、国家間を中心とした人口移動をマクロにとらえるパースペクティブから個人の居住地変更における分析にいたるまで幅広く活用される。国家間の移動の枠組みでは、送り出し国と受け入れ国の社会状況を比較して説明する。たとえば、押し出し要因としては、低い生活水準、人口過剰、失業率の高さ（潜在的失業を含む）や政治的抑圧等の押し

出し国のネガティブな状況が捉えられる（水上 1996:20-21）。これに対して吸引要因は、労働力の需要とそれにともなう出身国と比較した時の高賃金や居住地の提供などの経済・社会要因、政治的な自由や治安の安定などがあげられる（同書）。労働力の移動などにも、頻繁に適用されてきた。もっとも大きな枠組みとして、貧しい南から富める北へという南北の格差から移動をとらえることがある。南アフリカや東南アジアのいくつかの国は、人口の自然増が高く、経済の成長度が高い先進国と呼ばれる地域においては、自然増による人口増加が低い上、高齢化社会の問題を抱えている（Hammer 1991:185）。

　新たな地区へ移動する際、出身地に対するネガティブな要因と目的地のポジティブな生活条件の要因が分析対象となる。ミクロな対象としても、移民第一世代の移動の動機を究明するためにこのモデルが適用できる。移住の意思決定における諸因子の設定にあたって、押し出し要因（push factor）として出身国（送出国）に対する生活環境など、吸引要因（pull factor）としての目的地に対する認識や社会事情が分析される。しかし実際には、吸引要因が個人的な分析とは異なるケースも多く、自身が考えていたようなホスト社会での生活には必ずしも結びつかない。

　この押し出し・吸引モデルは、いかなるケースにも適用できるわけではない。ミクロ・レベルの個人や家族を対象とした際に、同じ地域で生活していても移動に関する肯定的、否定的要因が同様に働くとは限らない。また貧困地域で経済的に停滞、人口動態の不均衡があり、住民の移住動機が形成されていても移動できないケースも存在する。貧窮のため移動資金を調達できない場合は潜在的な移住者であっても、移住行為として完結されず国内避難民等になる（水上 1996:22）。サッセン（Sassen 1988）は、顕著に移民送り出しをしている国が大量の移民送出発生以前から貧困であった点を考慮して、移民発生の要因として外国投資や西欧文化の影響等を含めて構造的に分析した。1960年代中期のドミニカ共和国と、1970年代初期のハイチの状況を対象に、大規模な移民流出の要因を提示した。両国ともそれ以前から経済的に貧困であり、失業と不完全就業という問題を抱えていたが、政権交代と同時に迎えた社会変動によって大規模な人口の国際移動が発生した。ドミニカ共和国のケースは、アメリカ合衆国が海兵隊をサン・ドミンゴに派兵、「合衆国との紐帯」形成によって、ドミニカ人が合衆国への移住が「利用可能な選択」と認識した（Sassen 1988: 28-31）。ハイチは、外国からの直接投資などで経済体制が変革するとともにアメリカ合衆国がパートナーの中心となり、アメリカ

による企業、軍事、外交活動の展開が結びついて、合衆国への移民誘発要因となった。

移住の行為を自発的移動と非自発的移動に分類した際には、押し出し・吸引モデルを単純に適用するのは困難である。非自発的な移動の典型的なケースである強制労働などのために出身地から離れたケースに対して、移住の動機を分析することはできない。実際の国際的な人口移動には、難民や庇護希望者を含めてかなりの数の「非自発的移住（involuntary migration）」の形態が含まれている（Mizukami 1994;1996）。非自発的移住に関しては、自然災害や人間によってもたらされた何らかの強制力によって移住行動が誘発される。「強制移住（forced migration）」ととらえる見方もあり、強制労働だけでなく奴隷貿易のケースにおいても観察される（水上 1996:15-16）。また、戦争や内紛によっても大規模な非自発的移住が発生し、第一次大戦で数百万、第二次大戦とその余波で数千万の人々が巻き込まれた（Stola 1992:325）。難民であっても滞在した国、そしてその後の第三国への移住が発生した場合には、目的地を選択して移動することになる。人の移動の複雑さを考えると、複合的なケースや自ら自発的に移動を選択していても、社会的な圧力が移住行為に影響しているケースも存在する。移民政策の内容においても、通常はここで取り上げたような労働力の移動や難民の認定などの領域が含まれる。

3．労働力の国際移動と外貨の送金

強制的な労働力の移住でない場合も、未熟練労働者である「移住労働者（migrant worker）」は、ホスト国の労働市場のなかで底辺に組み込まれるケースが数多く観察されてきた（たとえばCohen, 1987; Lee, Connor and Kawakami, 2011参照）。日本国内でもそのイニシャルをとって３K（汚い、危険、きつい）労働に就くケースとして取り上げられ、英語圏でも同じように３D（Dirty, Dangerous and Difficult; DifficultはDemandingやDemeaningの用語に置き換わる場合もある）労働として紹介されることもある。労働条件だけでなく社会保障の面でもホスト国の市民と同等には扱われない。出稼ぎのようなケースとしては、男性の未熟練労働者だけでなく、女性の労働者も含まれる。たとえば、サウジアラビア、香港、シンガポールでは、家庭内労働を担う「メイド」をフィリピンなどから雇用している。シンガポール政府は、女性の労働人口を増やすことを目的に、1978年に「外国人メイド計画」を立ち上げた。シンガ

シンガポールで近年リトルフィリピンやリトルマニラとも称されるラッキープラザ。送金会社の支店に集う人々（2015年3月。撮影：水上徹男）

ポールに滞在する家事や育児を担うメイドは2015年1月時点で、インドネシア大使館によるとインドネシア人約12万5千人、フィリピン大使館によるとフィリピン人7万人であった（Tan, 2015 January 19）。出稼ぎのようなかたちの労働者は、出身国へ送金することになる。送金は移住者の滞在が合法的、非合法的であるかに関係なく行われる。海外からの送金が国際収支の大きな比重を占める送り出し国から見れば、外貨獲得という点でも移住者による送金は重要である。2000年代に「グローバルな送金が公式に年間3,000億ドル（約30兆円）を超え、フィリピン、パキスタン、エジプト、そして事実上中央アメリカのすべての国を含む多くの国で、国家経済のかなりの部分を全面的に送金に頼っている」（Vertovec 2009 = 2014:21）。

　労働力の国際移動は、専門技術者の移動から未熟練労働者の移動まで多様なケースが含まれる。一方では、専門技術者について高度人材の獲得競争の様相を呈し、他方では経済的な底辺に組み込まれる未熟練労働者が存在する。

先進工業国、新興工業国の大都市は、一様に労働力としての外国人人口を抱えており、多くの異なる文化的背景、慣習や宗教を持つ集団が含まれる。したがって、目的地となった受け入れ国は、異なる背景の人々に対して、入国時の規則の設定と入国後という2つの領域に対応するような移民政策の制定が必要になる。

4．同化、統合、文化変容の概念と多文化主義

前項では、移住行為が完結するまでのプロセスや労働力の国際移動の事例などを紹介した。次に移住関連の研究における次の領域として、入り口ではなく上陸後について考察する。入国するまでの状況を目的地となる国民国家の外側で起きていた現象とすれば、入国後は、その国民国家内での出来事となる。移住した者の受け入れた社会への適応や参加についても、多様な領域の調査が実施されてきた。たとえば、文化人類学や社会学では、「同化（assimilation）」、「文化変容（acculturation）」、「統合（integration）」などの概念を用いて、移住者の新たな環境に対する適応過程やその状況の特性を描写した。「とくに20世紀前半から、北アメリカを中心とした移民研究においては同化の概念が主流であり、移民である新参者が社会の主要構成員と区別不可能になるまで自らの文化変容を遂げることが、その究極のゴールとして設定された」（水上 1996:41-42）。同化の概念規定では、2つ以上の異なる文化集団による継続する直接的な接触が条件となる（Simons 1901:790; Park 1930; Gordon 1964）。パークとバージェス（Park and Burgess 1969:735-736）が、同化過程とはある個人や集団が経験や歴史を共有することで、他の個人や集団の記憶、感情、態度を取得すると述べているように、集団に近似していく過程には、行動様式だけでなくアイデンティティを含めた個人の内面の変化も内含される。したがって、「同化とは概して言えば、移民もしくはマイノリティ集団や個人が支配集団としてのホスト社会のマジョリティである集団の思考・行動様式に近似していくダイナミックな過程及び現象と認識される」（水上 1996:63）。同化のフレームでは、マイノリティである集団が、政治経済的に優位な集団への社会・文化的変容の形態がおもな考察対象となった。その変化については、個人や特定のエスニック集団を対象に歴史的な考察がなされたり、長期間の時間設定による世代別の比較分析が実施された。たとえば、一世から二世、三世へと世代間の価値観や慣習の伝承や変化を調査する

ケース・スタディがあり、これらはエスニック集団や構成員特有の価値規準や行動規準の維持や変化を明らかにすることを試みている。

文化変容や統合の概念でもその発生条件については同様で、2つ以上の異なる文化集団の直接的な接触となる。文化変容とは「一方もしくは両方の集団の文化様式の変化がもたらされる」(Redfield, Linton and Herskovits 1936: 149)。その後、両方の集団の変化という理解が進んだ(Teske and Nelson 1974等参照)。同化と文化変容、統合の概念的相違は、同化が一方の文化、すなわち優位にある集団の規範に、移民などのマイノリティ集団が適合していかなければならないのに対して、文化変容や統合の概念は双方の変化を対象とする点である(Borrie 1958; Lewins 1988参照)。統合とは移民と非移民の双方の変化を含意するが、移民が自身のアイデンティティを保持したまま社会参加できることを意味する。シャディド(Shadid 1991:362)は、統合をエスニック、宗教の少数派が個人的に、また集団としてもホスト社会に参加しながら、自身の文化やアイデンティティの特徴を維持する可能性を十分に保有していることと定義している。学術的レベルでは1950年代半ばまで同化が支配的概念であったが、1960年代に近づき統合の用語が同化に代わって使用されるようになった。この統合のアプローチについて、同化の目的を拒絶するか、その強調点を減少させ、文化多元主義を含意する(Lewins 1988)。

同化の概念は、移民政策にも適用された。同化政策は文化的一元論に基づくため、一方の変化のみを対象とする。したがって、移民を含めたマイノリティが、支配的あるいは主流となる集団に合わせて適応してゆく際に、異質性が認められなくなる。言い換えれば、移民が文化的遺産を放棄して、ホスト社会に適応すると理解されてきた。しかし同化政策を採択した国家においても、厳密な意味では同化を奨励する政策ではなく、むしろ同化を妨げる施策を展開していたことが観察される(水上 1997)。「同化政策と同化の過程や現象の考察は、必ずしも同一視されるべきものではなく、社会学や文化人類学における解釈と実際の政策には隔たりがあった」(同書)。社会学的な意味では、同化が進展するためにはホスト国である受け入れ社会の全面的な受容が必要となる。しかし、実際にはこれまで外部集団の社会的受容が十分でなく、同化できなかったいくつもの事例が明らかにされている(水上 2009:287)。差別や偏見のために、移民が社会参加を限定されてしまう場合には同化の進展自体が妨げられる。たとえば、パーク(Park 1930: 281)によれば、移民が言語やコミュニティ内の社会的儀式を取得して同化するには、偏見に出会う

ことなく、経済、政治的参加ができることである。しかし、事実上の同化政策は、頻繁に移民の同化を妨げた。

　実際に同化の強要が集団間の軋轢を生み出すこともあり、それ以外にも同化政策の問題点として次のようなことがあげられる。文化的一元論という方向性は一方の変化のみを対象とするため、移民を受け入れたホスト社会の制度上の問題点などを捉える観点がない。換言すれば、移民の社会適応が円滑に進まなくとも、エスニック・コミュニティを取り囲む社会やホスト国の制度の問題ではなく、移民などのマイノリティ集団自身が原因であるとみなされてきた（水上 1997）。同化を強要する背景には、支配集団側の自民族中心主義（ethnocentrism）的な発想がある。移民国家として知られるアメリカ合衆国、カナダ、オーストラリアでの入植者による20世紀半ばまでの先住民への対応などは、自民族中心主義的な顕著な事例を提供する。異なる文化の価値を認めない方針は、同化主義に反映されてきた。自身の文化を基準にして他の文化に比べて優れているという判断に基づいた自民族中心主義に対して、文化相対主義（cultural relativism）は異なる生活様式を対等な人間の営みととらえて理解しようとする。同化主義から多文化主義への移行は、このようなイデオロギー的転換も認められた。1960年代半ばごろから同化に代わって統合の用語が採択される機会が増加した。その後1970年代初期にカナダで、次にオーストラリアで多文化主義（multiculturalism）が公的に採択された。これらの多文化主義政策では、同化主義が批判対象になって「統合」がキーワードとして使用されている。ホスト社会と異なる文化規範や支配的言語以外を母国語とする集団に対しても、社会参加のための適切な援助を目的とした公共サービスの実施が必要となり、新たな制度ができていった。多文化主義を公的に採択していない国でも、多文化主義的な公共サービスなどが導入されていった。

　この多文化主義についても入り口での政策と入国後の政策と2つに分けて考えることができる。移住者を選別するポイント・システムは、基本的には入国する際の条件となる。しかし永住権申請などをみると、すでにホスト国に滞在している者が永住権を申請することがあり、入国前、入国後いずれのケースもあり得る。しかし上陸後の申請となっても、移民の一世であれば上陸前には別の条件、たとえば留学ビザなどで上陸してホスト国内での永住申請となる。ポイント制は出身国や人種的な背景での選別ではないという点で、特定のエスニック集団が優位になることはない。他方国内に向けた政策とし

ては、移民のホスト社会参加に関係した公共サービスの提供があげられる。たとえば、多言語による情報提供や異文化コミュニケーションの推進なども含まれる。多文化主義を推進して行くことは教育方針とも深く係わり、異なる言語、習慣、アイデンティティを含む集団に対しても教育の機会均等を提供する必要性が生じる（Eckermann and Kerr 1979:180-181）。また、エスニック集団による出身国の言語や文化を次世代に修得させるための学校への援助などもある。

　日本においても、移住者を受け入れたホスト社会としての変化が1980年代以降顕著にみられるようになった。当初は外国人労働者と考えられた未熟練労働者が海外から訪れて、大きな注目を集めた。「ニューカマー（newcomers）」と称された彼らの帰国や定住化、さらには新規の入国者を含めて、日本に滞在する外国人住民が多様化していった。一部の大都市圏で日本語を母国語としない住民への対応のため、多言語による情報提供や自治体の外国語窓口などの設置が行われるようになった。同化主義的な展開であれば、異なる言語などの公共サービスは必要にならないが、日本における多文化主義的な公共サービスの展開であり、ホスト社会側が変化してきた事例を提供している。ニューカマーの登場以来、少子化や高齢化の問題と関連して大規模な移民の受け入れ支持、また移民受け入れ反対などの論議が、メディアでも取り上げられ、政策的にも重要な課題として扱われるようになった（詳細は本書２章参照）。

　移民政策自体は、特定の国民国家が独自に採択するものであり、二国間にまたがって制定するものではないため、複数の国民国家の社会関係にかかわっている人々への移民政策的な対応は考慮されなかった。しかし、送り出した国が、受け入れたホスト国の移民の対応へ提言や問題提起をすることはある。さらには特定の国家間で移住に関する協定を結ぶこともあり、その圏内での移動が政策的に特別な規制がない場合もある。たとえば、欧州連合（European Union, 以下EU）構成国に属す市民の自由移動の権利などがあげられる。「EU加盟諸国では、1995年以降、『シェンゲン協定』発効によって、域内国境のパスポート・コントロールが廃止され、1997年以降EU共通移民政策の基礎がしだいに築かれてきた」（井口 2009:26）。EUの統合（integration）政策は、「外国人と受け入れ国の双方が歩み寄り、外国人の権利と義務を保証し、その社会参加を目的」としており、「共通移民政策を推進にあたり、今や『統合政策』はEU加盟国が共有する考え方となった」（同書）。

5．トランスナショナリズムと複数の地域にかかわる研究

　前項では、移住者の定住の形態やホスト社会へのかかわりなどを分析、描写するフレームや概念としておもに同化が用いられてきたことや、統合の概念の適用が移民の変化のみを対象とするフレームから、移民コミュニティだけでなくホスト社会の変容もとらえるフレームへの変化を意味していることを概観した。他方で、多文化主義的な政策の展開が広がり、この点では移民を受け入れた国々の内外に向けた政策も変化している。社会学の領域においても、調査のフレームが変化し、政策的にもアプローチが変化してきた状況の中で、通信技術の進歩は、移住関係の調査フレームについて、さらなる変化をもたらせた。

　1990年代になってトランスナショナリズム（transnationalism）の概念が移住研究に適用されるようになった。これまでの同化の研究であれば、移民のホスト国の定住形態などが対象となる。統合であってもホスト国での移民と非移民双方の変化などが対象領域となるが、国家間の両方で強固な絆を保持している、あるいは国家間を流動するトランスナショナルな存在が対象となる。換言すれば、「複数の国家に跨って社会参加する活動などが着目されるようになり、出身地と目的地など特定の国の間で往来するトランスナショナルな移住者（transnational migrants）の存在が考察対象になってきた」（水上 2009:294）。この場合は、移住者のホスト社会への適応形態を測るにあたり、2つ以上の地域のネットワークにかかわっている状況をとらえることになる。出身国との絆を維持したままホスト国の社会へ参加するケース自体は、新しく現れたのではなく移住労働者以外に、外国に滞在する駐在員、研究者、留学生なども対象に含まれる。しかし、複数の国家で活動するトランスナショナルなネットワークを構築する移住者コミュニティの形成については、「テクノロジーの進歩による国際的な移動の時間の短縮やインターネットを含めたコミュニケーションの変革」によってもたらされた。居住している国以外の情報収集や国境を越える機会が飛躍的に増大し、国際移動した人々の生活が変化してきた（同書）。そこでは、新たな「越境的な地域性（translocalities）」があり、空間的な感覚が変化してきている。たとえば、「ディアスポラ意識」と「第二の故郷」が同時に存在することなどがあげら

れる（Vertovec 2009=2014:7）。「輸送手段およびエレクトロニクス技術、そしてとりわけインターネットを推進してきたこと。結果として領土、主権、国家についての概念の変化だけでなく、時間と距離の変容、崩壊とはいかないまでも短縮をもたらした（同書:29）。移住者の多くが、そこで生活しながら、別の場所に帰属意識を抱いている状況がみられる。移住者が目的地で定住しても、出身国とは分離していないことを意味しており、ここでのホスト国による移民政策は定住者に向けた内側への対応ということになる。移住者が目的国で生活する条件も一様ではない。たとえば、ハマー（Hammer）が取り上げたデナザン（denizen）は、市民権を持たない外国人でも、その国の市民とほとんど変わらない社会保障が得られ、法的に永住権を保持する人々と規定している。市民権がなく永住権のみ所有する人々の多くは政治参加という点での権利が限定されるが（たとえば被選挙権がない、地方選挙権はあっても連邦選挙権がないなど）、それ以外は市民とあまり変わらない生活を享受できる。国外から訪れた者に永住権や市民権を付与することは、移民政策としての対応になる。特定の国民国家は、その国家に属す市民を保護するが、他の国に帰化したケースなどは目的地となった国での市民になるため出身国の保護の対象でない。しかし、ケースによってはそれほど単純ではなく、2つの国に属す二重の市民も存在する。

　二重国籍やデナザンのようなケースは、国境という区分を見方によっては曖昧にしているが、圏外からの移住者に対しては別の規制を設けて、入り口での移民政策を施行している。海外への滞在のパターンはさらに複雑化して、その条件も一様ではないうえに変化し続けている。社会学や文化人類学の領域では、「トランスナショナルな移住者」というカテゴリーが適用されるようになり、出身国以外で同胞社会が形成するコミュニティは、世界中の大都市圏で確認できる。

6．移住者と社会的結束性

　移住に関する政策課題や目的も、状況に応じて変化してきた。今日の政策的論議は、喫緊の労働市場への求人ニーズへの重点化が弱まり、「社会的結束性」をより強調したものへと移行している（OECD 2014:10）。1980年代末にはカナダ、オーストラリア、ニュージーランド、デンマークなどが、社会的結束を政策アジェンダに挿入した。EUは2007年に、欧州評議会（Council of Europe）が2008年に戦略的な優先事項としている（OECD 2012: 52=2013: 61）。この社会的結束性であるが、社会学ではデュルケム（Durkheim）が提唱した概念と関連する。彼は『社会分業論（De la division du travail social,1893）』のなかで、いかに社会の変容が凝集性（cohesion）の性質を変化させるかについて述べた。「伝統社会では一般に、社会的相互作用関係は活動上の比較的同質的部分から生み出される、ある種の『機械的連帯』のもとに構築される。しかし、社会の発展に伴って、社会的相互作用関係は、成員がさまざまな活動に特化する『有機的連帯』の方向に向かう」（OECD 2012=2013:60）。社会学の理論では、「凝集性（cohesion）」という用語が適用されることがあるが、社会心理学などの「集団凝集性（group cohesiveness）」の用語との重なりを避けて、ここでは「社会的結束性（social cohesion）」とする。

　社会的結束性は、移住者やマイノリティの社会参加やホスト市民との関係の在り方とかかわり、世界各地で大規模な調査が実施されてきた。OECDによると「社会参加、社会関係資本、社会的移動などの複数の社会的関心事項を束ねるうえで、有効な概念的枠組みである」（OECD 2012=2013:32）。社会的結束性に共通した明確な概念規定はないが、いくつかの例を引用すると次のようになる。オーストラリアでは、1990年代半ばにとくに関心が高まった事項であり、帰属意識、集団への愛着、参加して結果を分かち合う意思、が共通項となる（Markus 2010;2014）。カナダでは、カナダ文化遺産省の社会的結束性委員会による作業定義で、次のように記されている。われわれの理解の深まりともにこの社会的結束性の概念規定も進化する（Jeannotte 1997）。また、すべてのカナダ人間の信頼、希望および相互作用の認識に基づいて、共有された価値および挑戦、そして機会均等のコミュニティを開発する進行中のプロセスである（Ibid.）。2003年にはカナダの社会学の専門誌が社会的結束性の特別号を発行し、次のような定義を載せた。それは「生存し繁栄するために、社会のメンバーがお互いに協力する意思である」（Stanley 2003）。協力する意思とは、彼らが自由にパートナーシップを形成し、ゴールを到達するだけの機会を得ることを意味する。なぜなら、他の人々が快く協力して、彼らの努力の結果を公平に共有するからである（Ibid.）。OECDも類似した定義を示した。「結束社会は、成員すべての福利厚生の向上に作用し、排除と弧絶と闘い、帰属意識を醸成し、信頼を育み、その成員が社会の上層へ移動する機会を与える」（OECD 2012=2013:21）。

　社会的結束性については世界各地で大規模な調査が行われてきた。海外か

らの移住者の受け入れに対する市民の考えについては、2014年の調査結果として次のようなものがある。たとえば、オーストラリアでは、この年度は失業率の高まりにともなう経済事情への関心が高かったにもかかわらず、移民の流入が多すぎると考えているのは35パーセントだった。対して58パーセントが概ね適切であるか、少なすぎると考えていた（Markus 2014: 3）。同年の他の調査結果（2014 Lowy Institute Pollでは61％が適切あるいは少ない、The Australian, Newspollでは70％が現状か増加すべきと答えている）でも、類似した傾向がみられたが、その他の国々では、国内の移民の増加に対して否定的な見解の方が多かった。同年の調査でヨーロッパ12カ国の政府による移民対応について、平均6割が不賛成である（スペイン77％、ギリシャ75％、英国73％、イタリアとフランス各64％が不賛成だった）。アメリカにおいても71パーセントが不賛成であった（Markus 2014:38）。国家によって移民の受け止め方は異なるが、現行の政策に対しては否定的な見解が多い。実際、移民はホスト社会とは異なる文化、言語、宗教を持ち込むために同質性を崩すという見方があった。この場合には、国家のアイデンティティや社会的結束の妨げになる。アメリカ合衆国の歴史家で大統領補佐官も歴任、『アメリカの分裂』で知られるシュレージンガー, Jr.（Schlesinger, Jr. 1991＝1992）が提起したように、多文化により国家が分裂する、という論議である。その後にも、冷戦後の国際社会の課題や異なる文明を背景とするグループによる対立軸を示し、『文明の衝突』で注目されたハンチントン（Huntington, 1996=1998）も、アメリカ国内が多文化的になることを否定的にとらえ、分裂を招くことを危惧した。多文化主義自体が移住者と非移住者である市民の双方の変化を前提としているため、国家の安定という点で多文化的状況は、必ずしも肯定的にはとらえられてこなかった。したがって、大規模な移住者などで多様なエスニック社会を形成している国では、社会的結束性と移住者の関係が重要な課題となる。社会的結束性を発展させるには、移住者が社会参加しての統合を高め、移住者と非移住者である市民の関係が深まることが条件になる。「移住者が主流社会の一部になることで、その性質が変化し、市民がそれに適応することが必要になる」（IDASA:3）。そのような状況を築いていくためには、公共サービスなどの展開とかかわり、さまざまな領域での国家による政策的な関与が必要になる。先進工業国を中心に各地で実施されてきた社会的結束性の調査報告が、移住者を含めた社会状況の把握や移住とかかわる政策に貢献し、国によっては実証研究をもとにした政策提言がなされている。

[参考文献]
- Borrie, W.D. 1959. *Cultural Integration of Immigrants*. United Nations: UNESCO (United Nations Educational, Scientific and Cultural Organization).
- Cohen, Robin.1987. *The New Helotos: Migrations in the International Division of Labour*. Aldershot: Avebury. Gower. (= 清水知久訳 1989『労働力の国際的移動 奴隷化に抵抗する移民労働者』明石書店).
- Eckermann, A-K. and A. H. Kerr. 1979. "Education and Multiculturalism." In P. R. de Lacey and M. E. Poole (eds.), *Mosaic or Melting Pot*, pp.179-188. Sydney: Harcout Brace Jovanovich Group.
- Gordon, Milton M. 1964. *Assimilation in American Life: The Role of Race, Religion, and National Origins*. New York: Oxford University Press. (= 倉田和四生・山本剛郎訳 2000『アメリカンライフにおける同化理論の諸相——人種・宗教および出身国の役割』晃洋書房).
- Hammer, Tomas. 1990. *Democracy and the Nation State: Aliens, denizens and citizens in a world of international migration*. Aldershot: Avebury Gower. (=近藤敦監訳1999『永住市民と国民国家——定住外国人の政治参加』明石書店).
- _____. 1991. "Managing International Migration: Past Present and Future Trends and Issues." *Regional Development Dialogue* 12 (3): 183-191.
- Huntington, Samuel P. 1996. *The Clash of Civilizations and the Remaking of World Order*. New York: Simon & Schuster. (=鈴木主税訳 1998『文明の衝突と世界秩序の再創造』集英社).
- 井口泰 2009「外国人政策の改革と新たなアジアの経済連携の展望 入管政策と統合政策を基盤として」『移民政策研究』Vol.1: 18-29.
- Jeannotte, Sharon. 1997. *Social Cohesion Research Workplan. SRA-266. Strategic Research and Analysis*, Department of Canadian Heritage, Ottawa.
- 近藤敦 2009「なぜ移民政策なのか 移民の概念，入管政策と多文化共生政策の課題、移民政策学会の意義」『移民政策研究』Vol.1: 6-17.
- Lee, Kawon, Connor McGuinness, and Tsuyoshi Kawakami. 2011. *ILO Asia and the Pacific Working Paper Series, Research on occupational safety and health for migrant workers in five Asia and the Pacific countries: Australia, Republic of Korea, Malaysia, Singapore and Thailand*. Thailand: ILO DWT for East and South-East Asia and the Pacific.
- Lewins, Frank. 1988. "Assimilation and Integration." In J. Jupp (ed.), *The Australian People: An Encyclopedia of the Nation, its People and their Origins*, pp.856-860. Melbourne: Angus and Robertson Publishers.

- Markus, Andrew. 2010. *Mapping social cohesion, the Scanlon foundation surveys summary report 2010*. Melbourne: Monash Institute for the Study of Global Movements.
- ＿＿＿＿＿. 2014. *Mapping social cohesion, the Scanlon foundation surveys 2014*. Melbourne: Monash Institute for the Study of Global Movements.
- Mizukami, Tetsuo. 1994. "Globality in Voluntary and Involuntary Migration with Foci on Japanese Society."『応用社会学研究（*Journal of Applied Sociology*）』No.36: 159-175.
- 水上徹男 1996『異文化社会適応の理論――グローバル・マイグレーション時代に向けて』ハーベスト社。
- ＿＿＿＿＿.1997「同化・融合理論をこえて――多様性にむけて」奥田道大（編）『都市エスニシティの社会学』pp.205-225.ミネルヴァ書房
- ＿＿＿＿＿. 2009.「メルティング・ポットからトランスナショナル・コミュニティへ――国際的な人の移動と同化理論の推移」高校生のための社会学編集委員会『未知なる日常への冒険――高校生のための社会学』pp.284‐296. ハーベスト社。
- OECD. 2014. *International Migration Outlook 2014*. OECD Publishing.
- OECD. 2012. *Perspectives on Global Development 2012: Social Cohesion in a Shifting World*. OECD.（=門田清訳 2013『OECD世界開発白書2 富のシフト世界と社会的結束』明石書店）。
- Park, Robert E. 1930. "Assimilation, Social." In *Encyclopaedia of the Social Sciences*（Volume II）pp.281-283. New York: Macmillan: 281-283.
- Park, Robert E. and Ernest W. Burgess. 1969. "Assimilation." In R. E. Park and E. W. Burgess (eds.), *Introduction to the Science of Sociology*, 3rd edition（Revised）（1st edition in 1921), pp.734-784. Chicago: The University of Chicago Press.
- Redfield, Robert, Ralph Linton and Melville J. Herskovits. 1936. "Memorandum for the Study of Acculturation." *American Anthropologist* 38（1）: 149-152.
- Sassen, Saskia. 1988. *The Mobility of Labour and Capital*. Cambridge: Cambridge University Press.（=森田桐郎他訳 1992『労働と資本の国際移動』岩波書店）
- Shadid, W. A. 1991. "The Integration of Muslim Minorities in The Netherlands." *International Migration Reviews* 25（2）: 355-74.
- Schlesinger, Jr. Arthur M.1991. *The Disuniting of America: Reflections on a Multicultural Society*, Whittle Books.（=都留重人訳1992『アメリカの分裂―多元文化社会についての所見』岩波書店）。
- Simons, Sarah E. 1901. "Social Assimilation." *The American Journal of Sociology* 6: 790-822.
- Stanley, Dick. 2003. "What Do We Know about Social Cohesion: The Research Perspective of the Federal Government's Social Cohesion Research Network." *The Canadian Journal of Sociology*（Special Issue on Social Cohesion in Canada），

Vol. 28（1）: 5-17.
・Stola, Dariusz. 1992. "Forced Migration in Central European History." *International Migration Review* 26（2）: 324-341.
・Tan, Amelia. 2015（January 19）. "Hiring maids becoming dearer with new rules." *The Strait Times*, p.1.
・Teske, Jr. Raymond H. C. and Bardin H. Nelson. 1974. "Acculturation and Assimilation: A Clarification." *American Ethnologist* 1（2）: 351-367.
・Vertovec, Steven. 2009. *Transnationalism*（Key Ideas）. Routledge（＝水上徹男・細萱伸子・本田量久訳 2014『トランスナショナリズム』日本評論社）。

Website:

IDASA（the Institute for Democracy in South Africa）. *Migration & Social Cohesion* No.1, http://www.queensu.ca/samp/migcohesion/migration&social_cohesion.pdf（April 15, 2015 retrieved）.

（みずかみ・てつお＋のろ・よしあき）

第2章

少子高齢化は、外国人受け入れにどのように影響するか？

野呂芳明

立教大学社会学部教授

1．人口減少が進む日本社会

　世界の人口が急増を続けるのに反して、私たち日本の人口は2007年をピークに徐々に減り始めている。同時に、景気低迷が長く続いたためもあり、この人口減少傾向は、私たちのなかで全体に否定的な印象で受け止められ、語られてきた。その間に日本を抜き去りGDP世界2位の経済規模に躍り出た中国をはじめ韓国、台湾、シンガポールなど東アジア・東南アジア諸国の経済的・政治的伸張を前に、日本の政治、経済界、そして社会のなかでも危機感が募ってきている。

　"再生"を目ざす議論や方策が各所で語られ試行されるなかで、「外国人」の積極的な受け入れに向けた議論が、いま再び活発になってきている。本章では、これについて、政治や制度の面とは少し異なる角度、すなわち「少子高齢化」を中心に社会的な背景要因に注目し、外国人受け入れの議論がどのような文脈で進められることになるかを考えてみたい。

2．外国人を受け入れる意味

　「人口減少」そして「外国人受け入れ」ということで短絡的に誤解されがちだが、「外国人を受け入れる」ことによって人口減少を補うということは、ほとんどありえない。

　なぜならば、現在、日本の人口は年間に20万人を超える規模で減り始めて

おり、しかも減少数は年々増加傾向にある。仮に、この人数をすべて外国人受け入れで代替するとするならば、例えば今後10年間で新たに合計300万人近い大人数の外国人を受け入れることになる。現在の在留外国人は、中長期在留者（永住者、留学生、技能実習生、定住者、日本人の配偶者など）が約176万人、特別永住者（第二次世界大戦の敗戦前から日本国内に在住し、戦後に日本国籍を離脱した韓国・朝鮮人など旧植民地出身者やその子孫など）が約36万人で、合わせて日本全体で約212万人（2015年3月20日法務省発表、2014年末現在）であることに鑑みれば、これは荒唐無稽な数値というほかないだろう。

　数字のみで議論することには危うさが伴う。問題をより適切に、また深く理解するためには、減少する日本人について、および日本社会が受け入れることになるかもしれない外国人について、それぞれどのような人たちかを具体的に把握することが必要である。

(1)　少子高齢化、人口構成のアンバランス

　そこで、まず私たち日本人の側について、その現在の姿、将来の姿を確認しておこう。この場合、重要なのはやはり人口の少子高齢化である。「少子高齢化」については、すでに各所で語り尽くされた感もあるので、ここでは外国人の受け入れに関する議論とどのように関わっているかという観点から簡潔にまとめることにしよう。

　図1（次頁）は、国立社会保障・人口問題研究所が作成した人口ピラミッドの推移である。図から明らかなように、日本人の年齢構成ピラミッドは、たいへんいびつな形をしている。第二次世界大戦終了後の1947年から49年生まれの「団塊の世代」が文字通り大きな人口の塊を成し、およそ四半世紀後、子世代にあたる1971～74年生まれの「団塊ジュニア」がそれに次ぐ大きな層になっている。これらの年齢層がこの先、順次高齢期に移行していく。図のように、2010年の時点で団塊世代は60歳代前半の退職期を迎えている。20年後の2030年には、この世代は80歳代前半の後期高齢者となり、続く団塊ジュニア世代は、50歳代後半の職業キャリア末期に差しかかることになる。結果として、ピラミッドの上部は、"頭でっかち"の度を増していく。一方、それより下の年代層は、少子化傾向の継続により出生数が年々減少することから、ピラミッドの図では"足元"がますます細っていく。

　すなわち、図を見れば視覚的にも明らかなように、これから20～40年くら

図1　日本の人口ピラミッドの推移1990年、2010年、2030年（予想）

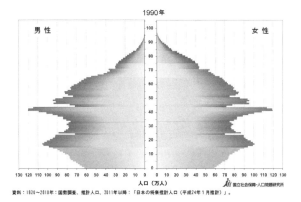

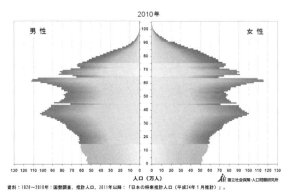

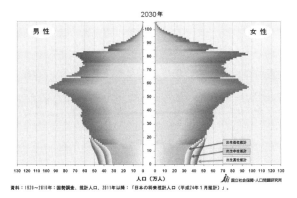

（国立社会保障・人口問題研究所ホームページより引用）

いの間、私たち日本人は、ますます頭でっかちになっていく人口構成のなかで生きていかねばならない。これが意味するのは、高齢者生活の支援に対する顕在的・潜在的ニーズが当分の間高いままであろうということである。これを、第一の確認事項としておくことにしよう（ただし、それよりも後になると、日本の人口減が進み高齢者人口も大きく減少するので、支援ニーズの総量としては減ると予測される）。

(2) 女性の労働力化と消費生活の変化

一方、1990年代頃から着実に進んできているのが、「女性の労働力化」である。かつて専業主婦として家庭内にとどまり、夫や子の世話をしていた女性たちは、長期不況に伴う夫の収入伸び悩み、労働力人口が減少に転じるなか女性が新たな労働力として求められたこと、等の経済・社会情勢の変化や、女性自身のキャリア志向の高まりといった価値観の変化に男女雇用機会均等法（1985年制定）の後押しもうけて、家庭の外へ働きに出るようになった。しかもそれは、私たちのふだんの消費生活スタイルにおける相当の変化を伴いながら進んできている。

一連の変化のなかでも最も重要なのは、以前は各世帯・家庭の内部で対処されていた多くの物事が、家庭外の商品やサービスの購入によって少なくとも部分的に取って代わられつつあることだろう。食事は外食や惣菜などの"中食"に、洗濯はクリーニングに、乳幼児の養育は公私立の保育園に、……と、例はいくつも挙げることができる。これらの商品やサービスは、家事や育児を完全に代替するというよりは、その負担の一部を補完するというほうが正確だろう。しかし、これらを利用する経験の積み重ねは、利用することそのものに対して私たちが抱く躊躇や抵抗感を確実に軽減してきている。そして、利用の増大は、それらの商品やサービスの市場拡大につながり、「産業」として成り立たせるに至る。雇用も生み出され、そこに多数の女性が労働力として参入し、それがまた家庭の外部の商品やサービスに対する需要を増大させるのである。

(3) 家事、介護（介助）等における外部サービスに対する需要の高まり

外部の商品やサービスを購入するなかでも、在宅介護サービスなど自宅に第三者を招き入れておこなわれるものに対しては、私たち日本人はかなり強

い抵抗感を抱きがちである。家の中が狭い、散らかっている、プライバシーを晒さねばならない、等の思いがあるからだろう。また、老親など身内の世話を家族がおこなわない（おこなえない）ことで世間体を気にしたり、罪悪感を抱いたりということもあるだろう。

　実際、2000年に介護保険制度が新たに導入される少し前に、そのような制度をつくれば、家族による相互扶助という日本の美徳が失われてしまうと、強く反対する有力政治家も存在し、大きな論争になったこともあった。それにもかかわらず制度が導入されたのは、やはり日本社会の急速な少子高齢化の影響が大きい。家族に関する意識の変化も核家族化・個人化の方向へ進んできた。家庭内の相互扶助に期待し責任を課するのは、現実には難しくなる一方なのである。

　介護保険法は、介護を必要とする高齢者が「尊厳を保持し、その有する能力に応じ自立した日常生活を営むことができるよう」（第1条）必要なサービスを給付することを目的としている。給付の責任を、家族など個々人に帰するのではなく、「国民の共同連帯の理念」（同）に基づいておこなうための保険制度なのである。個人では支えきれない介護の身体的・時間的負担、費用負担は、介護される本人も介護する家族も共に不幸にする。過重になりかねない負担を社会の側が担うというのが、介護保険制度導入の趣旨であった。

　厚生労働省の資料によると、要支援・要介護と認定された人の数は、介護保険制度が発足した2000年4月時の218万人から、2012年4月には533万人へと推移した。約315万人、率にして144％もの増加である。ちなみにこの期間に65歳以上の高齢者（より正確には介護保険の被保険者）は、2,165万人から2,986万人へと約821万人（38％）増加している（厚生労働省老健局総務課 2013）。

　そして、以下の図2は同じ資料にあったサービス受給者数の推移を示したものだが、受給者数は149万人から445万人へとほぼ3倍になり、なかでも「居宅サービス」の受給者が97万人から328万人へと238％も激増したことがわかる（同:38）。施設サービスの伸びがそれほど顕著でないのは、供給が圧倒的に不足しているためもあろう。いずれにせよ、介護支援に関しては、サービスを家の中に導入することが急速に普及していった。それだけ需要が高いことを如実に物語っている。

　高齢家族の在宅介護に比べれば"深刻度"が軽いといえる日常の家事を代行するサービス（家事代行サービス、ハウスクリーニングなど）も、着実に普及が進んでいるようである。市場規模については調査機関により数値がかなり

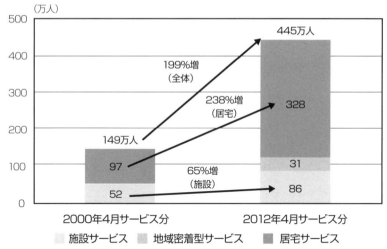

図2 介護保険によるサービス受給者の推移

※地域密着型サービス(地域密着型介護予防サービスを含む)は、2005年の介護保険制度改正に伴って創設された。
出典:厚生労働省老健局総務課 2013『公的介護保険制度の現状と今後の役割』

異なるが、例えば矢野経済研究所は2013年における「家事代行サービス市場811億2,200万円、見守りサービス市場は143億3,400万円」と推計している(矢野経済研究所 2013)。そして市場は拡大傾向を持続すると予想している。第三者を自宅に入れるサービスの購入に対する心理的な抵抗感は、次第に相対化されていくのだろう。

(4) 外国人が介護、看護等の「人材」として求められる可能性

今、日本社会において進行している少子高齢化、女性の労働力化、外部サービスの利用増大といった上記の趨勢は、いずれも外国人人材に対する需要を高める方向に作用する。なかでも、近年巷でよく語られるように、介護、看護に対する需要は、受け入れの方向に制度が整備されたならば相当の規模になることが予想される。

アジア地域において、日本より先行して女性の労働力化が進んだシンガポールでは、東京など日本の都市部のマンションと大差ない集合住宅に住むごく普通の家族でも、フィリピン人やインドネシア人の家政婦を雇用していることがたいへん多い。筆者は1990年代後半に調査のためにシンガポールの

福祉施設や一般家庭を訪問したことがあるが、ある家庭では、両親が共に金融機関に勤務し、3LDKの自宅の子ども部屋に、小学生の子と家政婦が2段ベッドで生活していた。このように住み込みで働く場合もあれば、同業の仲間と共同で住宅を借り、そこから通いで働く場合もあるということだった。

しかし、日本の一般家庭の場合には、家政婦という「人」を一家で雇用する形式に対する抵抗感がまだかなり強いと感じる。家屋内のクリーニングや、時間単位で料金を取る家事代行のような、「サービス」として当面は普及が進むのであろう。

これに対して、介護や看護は、事情が異なる。在宅で支援を要する高齢者や家族にとっては、サービスの必要性は絶対的であり、また、サービスを提供する「人」との信頼関係も築いていかなければならない。それゆえ、ほんらいは円滑なコミュニケーションと意思疎通が必要であることから、外国人が役割を担うことは容易でない仕事だといえる。しかし、これらの職種は慢性的に人手不足が続き、仕事が重いにもかかわらず給与水準が低いこと、キャリア形成の道筋が明確でないこと等の理由から、離職率も高い。一方で、介護保険制度による給付額が2000年度の3.6兆円から2013年度には9.4兆円に膨張した（厚生労働省老健局総務課 前掲書）ように、市場としての規模は拡大の一途をたどっている。これほどの需要増を鑑みれば、外国人人材の導入に向かう可能性はかなり高そうに思われる。

(5) 多様性（ダイバーシティ）を生み出す「人材」として期待される外国人

一方、グローバル経済において国内外の企業と熾烈な競争を展開している経済界からは、優秀な外国人を求める要望や政策提言が継続的に出されている。経団連（日本経済団体連合会）は、2004年4月に「外国人受け入れ問題に関する提言」を発表し、経済成長に不可欠なイノベーションを促進するために、「多様性のダイナミズムを活かし、国民一人ひとりの"付加価値創造力"を高めていく、そのプロセスに外国人がもつ力を活かす」という趣旨の提言をおこなった。それ以降、経団連はこのテーマに関する提言を数次にわたり発表している。

外国人受け入れに関する日本の制度の詳細は別原稿に譲るが、基本的には、いわゆる「高度人材」のような有為の人材に限定し3年間など有期で滞在を認めるというものであり、その認定の要件は大変厳格だという。一方、現場

で働く技能者は、「外国人研修・技能実習制度」により受け入れられている。求人難の国内企業にとっては技能者確保のメリットがあり、送り出し国にとっては日本からの技術・ノウハウの移転というメリットがある、とされる。

経団連はこれらについて、在留期間の延長や認定要件の緩和等による「高度人材」のさらなる呼び込みをはかるほか、研修や実習ではなく「技能人材」として、国家資格など客観的な技能評価を得ている外国人の就労を認めるなどのいっそう積極的な展開を求めている。後者の論点は、看護、介護人材の受け入れに関する議論にも直接つながることもあろう。また、2008年10月発表の「人口減少に対応した経済社会のあり方」では、外国人の定着を視野に入れた「日本型移民政策」の検討にも言及している。

政治・政策も展開の速度を上げつつある。2014年6月に首相官邸から発表された「『日本再生戦略』改訂2014」では、「当面の対応策として、管理監督体制の強化を前提に技能実習制度を拡充することとしたほか、建設業及び造船業に従事する技能者の就労を円滑化するための緊急措置を整備することとした」と、現行の技能実習制度の拡充という"無難"な方向を中心としているが、加えて、「日本への留学生や海外の優秀な人材が日本で働き暮らしやすくするため、国家戦略特区の活用にとどまらず、中長期的視点に立って総合的な検討を進めていく」とも記している。明確には書いていないが、外国人の定住の可能性も含意しているようにも思われる。

3．外国人は、以上のような「日本の事情」に見合うだろうか

このように、日本の社会が急速に変化するなかで外国人受け入れに関する議論をいくらか追うだけでも、政策や制度の展開と合わせ事態が動きつつあることが感じられる。ただ、比喩的な言い方になるが、大きな山として動くのか、表層の目につく一部が動くにとどまるかは、わからない。

例えば、看護・介護の人材に関しては、2008〜2014年にかけて、EPA（経済連携協定）を結んだフィリピン、インドネシア、ベトナムから看護師、介護士候補者の受け入れが順次始まった。2014年6月現在、すでに累計2,377人の候補者が来日して仕事に就きながら、日本の国家試験合格を目ざしてきた（厚生労働省 2014a）。合格者には無期限の就業が保証されるものの、合格率の著しい低さがマスコミ等により報じられている。2015（平成27）年3月

に発表された看護師国家試験の合格者は、357人中26人（合格率7.3%）で、日本人を含めた全体の合格率90.0%と大きく差が開いている（2015年3月25日『日本経済新聞』配信）。日本側の受け入れ姿勢も、公式的には「看護・介護分野の労働力不足への対応として行うものではなく、相手国からの強い要望に基づき交渉した結果、経済活動の連携の強化の観点から実施するものです」（厚生労働省 前掲書）と明言されている。合格率が低いだけでなく、合格しながら帰国する人も少なくないともいわれており、介護や看護の現場における深刻な人手不足との間に、何らか相当のミスマッチが存在することを伺わせる。

　EPAによる外国人看護師・介護士候補者の受け入れは、相手国との協定による個別的なものであり、国家試験合格率の低さだけでなく、看護・介護分野が構造的に抱える人手不足の問題に体系的に対応する政策の一環として位置づけられているものではない。その意味で、厚生労働省の表明はその通りだといえる。技能実習制度もまた、同様であろう。しかし、これらの協定や制度に乗って実際に動くのは、「人」である。

　日本側の立場から視点を転じて、日本に来訪する外国人の側、そして送り出し国の側から見たときに、来日することに果たしてどのようなメリットがあるだろうか。移動をする人の立場からすれば、多大な労力とコストを支払い外国に出るのであれば、その苦労に見合う相応のメリットを期待するのが当然に思われる。また、こうした個人個人を越え、移動をする外国人を総体として見たときには、受け入れる日本の側が受益するメリットに釣り合うくらいのメリットを、移動する外国人はもとより送り出す国や社会の側も享受することが、公正な関係のあり方というものだろう。

4．外国人「人材」の受け入れ方、そして「移民」へ？

　以上、外国人の受け入れに関して、潜在的には大きいであろう日本社会側の需要、それを意識した提言、それへの対応を促され動き始めながらも、体系化されていない政策や制度と、現況を簡潔に述べてきた。「人」とその生活が関わるだけに、社会の諸制度や慣習、ルールは容易に動かし難く、また安易に動かしてよいものでもない。一方、流動性の高い有能な人材は、外国に出ての働き先として日本を選ぶとは限らないのも当然である。実際、過去

20年くらいの間に日本周辺のアジア諸国の経済水準が軒並み向上する一方、景気低迷が長期に及んだ日本の経済的地位は相対的に大きく低下し、経済的メリットを求める人材にとって必ずしも魅力的な働き先ではなくなっている。
　私たちは、自らの"隣人"としてどのような人を必要とし、来てもらいたいのか？　来てもらうために、私たちにはその"隣人"のために何ができるのか？　私たち日本人の側は、こうしたところを真摯に考え、討議し、できるだけ具体的なイメージを築いて、合意していく必要がある。それは、抽象的な理念だけではなく、合理的かつ実利的な計算にも裏付けられていなければならない。国境を有する国家のなかの「社会」で暮らすというのは、たぶんそういうことなのである。"隣人"となる外国人の側も、自らの貴重な人生の時間を過ごすからには、相応の合理的・実利的な判断をすることになる。
　実際、どの国も、外国人を受け入れる際にはさまざまな要件を課し、外国人を区分する。高度な創造的・専門的能力をもつ人材は受け入れによるメリットが期待されるので歓迎するが、職もなく国民の税金を費消する可能性の高い者、犯罪等のリスクをもつ者は、原則として受け入れない。
　現在、日本の国家が受け入れる「高度人材」、そして「外国人研修・技能実習制度」は、「移民」ではない。しかし、一部業界において人材不足が深刻化し、高度人材については他先進諸国との競合が深まるなか、「定住」「移民」に向かう積極的な方向性を提示するなどして、来訪する外国人にとってのメリットを高める方向で検討を進める必要性が経済界などから指摘されている。
　しかも、1980年代後半から進行した外国人労働者の流入は、その後、日本人や永住者との婚姻等を理由に「在留特別許可」を得るなどして（それに向けての苦闘は、第4章、5章に詳しい）、定住に向かう一定数のケースを生じさせた。定住は、とりわけ外国人の集住が進んだ地域コミュニティにおいて、軋轢、協力、共生といった経験の蓄積をもたらしている。貧困や福祉、進学、結婚、あるは外国人ならではの法的地位の問題など、個々に対応や支援を必要とする課題、支援の枠組や組織についても、コミュニティのレベルでは実践が進められている。
　少子高齢化という長期的で不可避の大きな趨勢、外国人の「人材」が日本の社会や経済に積極的に寄与する可能性への期待と不安、具体的に展開が始まっているものの、体系的とは言い難い政策や制度、コミュニティのレベルでの個別的、具体的な経験と実践の蓄積。私たちに必要なのは、おそらくは、

それらを体系的に統合する"構想力"であろう。

　例えば、坂中英徳はその著『日本型移民国家への道』のなかで、外国人材を「獲る」のではなく、有能な人材に育て、安定した職場を提供し、永住者として受け入れる政策を提言している（坂中 2011: 13）。そのためには、異なる民族の人々との共生を受け入れる日本人や社会の寛容の精神を育てる必要があり、また、移民の定住に向けた諸々の具体的な支援を担うNPOやボランティアなど、市民の活動が欠かせない。

　私たち市民が構想する移民政策は、体系的な構想に、コミュニティのレベルでの実践に裏付けられた具体性をいかに組み込むか、という点がおそらく鍵になるだろう。

［参考文献・資料、参照ホームページ］
- 法務省 2015「平成26年末現在における在留外国人数について（確定値）」
　　http://www.moj.go.jp/nyuukokukanri/kouhou/nyuukokukanri04_00050.html
- 井上洋 2007「外国人受入問題に関する経団連の基本的考え方――企業の責任と外国人に対する生活支援」（文化庁 文化審議会国語日本語教育小委員会 第4回 配付資料 2007年11月1日）。
- 株式会社矢野経済研究所 2013「住まいと生活支援サービスに関する調査結果 2013」。
　　http://www.yano.co.jp/press/press.php/001102
- 介護保険法（平成9年12月17日 法律123号）e-Gov（電子政府の総合窓口）法令データ提供システム。http://law.e-gov.go.jp/cgi-bin/idxsearch.cgi（検索トップページ）
- 厚生労働省 2014a「インドネシア、フィリピン、ベトナムからの外国人看護師・介護福祉士候補者の受入れについて」。http://www.mhlw.go.jp/stf/seisakunitsuite/bunya/koyou_roudou/koyou/gaikokujin/other22/index.html
- 厚生労働省 2014b「経済連携協定（EPA）に基づく外国人看護師・福祉士候補者の受入れ概要」。
- 厚生労働省老健局総務課 2013『公的介護保険制度の現状と今後の役割』。
- 日本経済再生本部 2014『「日本再興戦略」改訂――未来への挑戦』。
- 日本経済新聞 2015「EPA看護師の合格率低下 14年度7.3％に、厚労省」（2015年3月25日配信）。
- 坂中英徳 2011『日本型移民国家への道』東信堂。
- （社）日本経済団体連合会 2004「外国人受入問題に関する提言」（2004年4月14日）。
　　http://www.keidanren.or.jp/japanese/policy/2004/029/honbun.html#s1
- （社）日本経済団体連合会 2008『人口減少に対応した経済社会のあり方』。
- （社）日本経済団体連合会 2014「第5次出入国管理基本計画策定に向けた意見」

(2014年11月18日)。http://www.keidanren.or.jp/policy/2014/095_honbun.html

(のろ・よしあき)

第3章
移民受入れの効果と逆効果

依光正哲
一橋大学名誉教授

1. 外国人労働者問題から移民問題へ

(1) これまでの論争

　「外国人労働者問題」に関する議論は20年以上も続いてきたが、議論の焦点は少しずつ変化してきた。1980年代後半の「第1次論争」では、深刻な人手不足対策として事実上外国人労働者の受入れが始まったことをめぐり、その是非や外国人労働者の増加に伴う社会問題が論じられ、議論を単純化すれば、労働市場の「開国」か「鎖国」か、という論争であった。1990年代末の「第2次論争」では、人口高齢化に伴う介護等のサービスの担い手不足対策として外国人労働者の導入の是非が議論された。この2つの論争の最大の争点は、国内の労働力不足を補うために外国人労働者を導入することの是非と受入れ体制をどうするのか、ということであった。この論争過程では、あくまでも「外国人労働者」の「導入・受入れ」問題が中心的な論点となっていたが、2000年代の中ごろからは、これまでの論争で問題とされてきたこととは若干異なる視角からの議論が提起され、それをめぐる論争が繰り広げられるようになった。即ち、外国人労働者を含めた「移民」導入をめぐる議論である。
　21世紀に入り、長期にわたる経済の低迷と日本の人口が現実に減少し始めた危機感を背景として、日本の社会のあり方を根本的に変革するさまざまな政策提言が盛んになされるようになり、このような政策見直しの議論の1つとして、移民の受入れが提起されたのである。日本が移民を受入れることに関する議論はこれまでにも伏流としては存在したが、大々的に取り上げられ、議論されることはほとんどなかった。移民受入れをめぐる重要な論点は、こ

れまでの人手不足対策としての「外国人労働者」受入れという視点ではなく、日本の人口構造そのものの若返りを目指していることである。

(2) 移民導入論の主要な主張

　高齢化・少子化、そして人口減少へのこれまでの政策対応は必ずしも成果を出すことができず、実際に人口が減少しはじめ、20年後、30年後には人口が大幅に減少することが現実味を帯びてきた。移民導入論の主張は以下のように構成されている。

　第1に、今後20年間に日本の労働力人口は約1700万人も減少するであろうといった類の人口推計に基づいて議論していながら、この推定された人口減少の規模はいつの間にか、確実にその規模の人口減少が起こると断定する。

　第2に、大幅な労働力人口の減少について、「恐怖のシナリオ」が描かれている。すなわち、大幅な労働力人口の減少は日本の産業空洞化に拍車をかけ、雇用の流出、財政の破綻、生活水準の低下、年金・医療・介護等のセイフティーネットの崩壊、という事態を招く。

　第3に、この人口減少部分を何らかの形で補填しなければ、日本のこれまでの豊かさは崩壊することになり、そのような事態を避けるためには、移民を受入れて人口減少に歯止めをかけ、同時に、移民受入れを可能とするような社会に変革する必要がある、という「移民受入れ」論を展開する。

　国連人口部（Population Division, United Nations 2001:53）の『補充移民』という報告書では、日本の2005年の人口規模を2050年において維持するためには毎年約35万人の移民を受け入れ、1995年の生産年齢人口の規模を維持するためには1995年から2050年まで毎年約61万人規模の移民を受入れる必要があることを主張した。この国連の報告書が発表された時点では、日本国内では移民の受入れはほとんど議論がなされなかった。

　2000年の後半に至り、現実に人口が減少し、高齢化が一層進行し高齢者が急増し続けると、これまでの「少子化対策」や「女性労働力の活用」「高齢者雇用の推進」などが「労働力人口の減少」への歯止めとはなっていないことが明白となり、製造業の海外移転に伴う国内の産業空洞化の一層の進展、国内景気の低迷、国内市場の縮小等の現実に直面して、人口規模を維持するために大量の移民を導入する必要性があり、移民導入を実現するための政策を模索する議論が注目されるに至ったのである。こうして、外国人労働者問題に関する現実と議論は新たな段階に入ったことになる。

2．移民をめぐる諸問題

(1) 国際人口移動の増加

　人類は、いわゆる主権国家の成立のはるか以前から、より暮らしやすい新しい土地を求めて、移動し移住してきた長い歴史がある。今では、国境の障壁を乗り越えて何百万人もの人々が移住の旅を続けており、移民の数はいまや膨大な数になっており、国連の推計では、世界人口に占める移民の割合は増加傾向にあり、1970年に約2.2%であったが、今日では約2.9%（約1億9000万人）に達している。ますます多くの人がチャンスとよりよい生活を求めて国境を越えることが予想される。このような移住の評価については、一方で国家間・地域間の不平等を少しずつ改善し、先進国と開発途上地域とがそれぞれ発展を持続させることが可能であるとの考え方と、他方では、移住による利益は先進国が享受し、発展途上国は発展途上の状態を抜け出すことはできないとする考え方が並行している。

　どこの国の移民も、母国から新天地を目指して移住することにはそれなりの理由がある。個人が移住に際して考慮する主要な事柄・条件は、移住希望先である受入れ国に魅力的な仕事があるか否か、受入れ国で使用されている言葉、および故郷とのつながりの有無とその絆の強さ、などであるが、すべての条件が整わなくても移住が決断される。

　しかし、誰もが行き先の国を自由に選ぶことはできない。誰がどの国・地域へ移住できるかは、個人の希望とは別に、個人の法的地位やそれぞれの国の出入国に関する政策に合致するか否かに規定される。

(2) 移民・受入れ国・送出し国

　モノ・カネ・ヒト・情報の国際移動は決して新しい現象ではないが、経済のグローバル化に伴い、これらの国際移動は以前の社会よりも空間的に広がり、規模の点で格段に拡大している。

　しかし、ヒトの国際移動はモノ・カネ・情報の国際移動とは根本的に異なる性質を有していることに留意する必要がある。即ち、国際間を移動するヒトは生命を持った存在であり、送出し国にも受入れ国にも人間関係・社会関係の変化をもたらす。

　さらに、「外国人労働者」の受入れではなく「移民」を受入れることは、

前者が「労働力」をいわば「輸入」して国内の財・サービスの生産活動に投入することを意味しているのに対し、後者は受入れ国の人口の再生産のために受入れ国の国民となる人間を受入れることを意味しており、経済、政治、国家安全保障、社会問題、国民性、文化、言語、さらに宗教にいたるまで、非常に多くの問題にかかわってくる。

したがって、移民受入れを論ずる際には、広範な領域での実情を観察・分析して、問題点を洗い出す必要があり、複数の学問領域の共同作業が不可欠となる。

各国政府は、国益との関連で移民を位置づけ、自国の利害を優先させているのであるが、移民・受入れ国・送出し国の三者が利益を得られるような政策を模索し続けている。先進国での出生率の低下や人口の高齢化に伴う労働力不足を移民で補う対応は応急措置としては有効であるが、長期的には移民も受入れ国の国民と同様に高齢化・少子化に向かうことが経験的に実証されており、労働力不足を補うために絶えず新規の移民を補充し続けることが必要となる。そのような移民供給国が果たして見つかるのかが疑問になる。したがって、労働力不足を移民で補うという選択は長期的には成立し難いことになる。

長期的には、労働力不足対策ではなく、自国民と移民の労働力の質を向上させるための教育・訓練などの施策を講ずることが必要となる。さらに、教育・訓練以外の他の政策にも並行的に取り組むことによって、移民・移住先国・出身国の三者の利益を確保することができる、と指摘されている。

21世紀には国際人口移動に関して3つの特徴が現れた。第1に、既に指摘したことであるが、移民を含めた国際人口移動が増加する傾向にあること、第2に、これまでの移民は基本的に貧しい国からより豊かな国への人の移動と説明されてきたが、先進国間・開発途上国間でも大規模な移動が見られるようになったこと、第3に移民は、グローバル化を構成する要素となり、また、経済成長の牽引役としてその役割が注目され、国際的な規模で人材の獲得競争が行われるようになったこと、などである。

⑶ これまでの問題点

日本はこれまでに移民受入れを政策の選択肢とは考えてこなかったが、移民受入れは国家の根幹部分にかかわることが多く、日本をどのような国にするのか、という国家目標の設定が欠かせない。今後の方針を打ち出すまでに

すべきことは極めて多いのであるが、世界中の多民族国家や移民受入れ国の歴史的事象を克明に分析し、「なすべきこと」と「してはならないこと」を学び、日本の進路について幅広い研究領域から検討を重ね、日本にとって望ましい移民政策を立案・採用・実施することが求められる。

一般には、移民の就業する分野は、建設現場・ホテル・レストラン・保健医療サービス・高齢者介護などが多い。移民の就業形態としては、一時的労働やパートタイム労働に従事する比率が高い。また、移民女性は労働市場で男女格差の現実に直面している。さらに、移民は長期失業に陥るリスクが高い。これらの点は移民の立場からの雇用面についての「不利益」と言える。この種の不利益を解消する上で有効であると考えられていることが「教育」である。しかし、移民の子どもは、親の教育的背景が原因で困難に直面することがあり、また、教育の効果が現れるまでには時間がかかる。

移民問題に絶えず付き纏う厄介な問題は、多くの国で、移民に対する自国民の「反感」が潜在しており、何らかの契機によって、その反感が憎悪となって燃え盛り、歴史的には民族紛争へと発展した事例が数多くあることである。移民に対する反感の背景には、言語・宗教・習慣等が異なる移民に対する非寛容、移民が移住先の主流社会へなかなか統合されないことに関する懸念、移民が居住する地域が高い失業率と低学力などを背景として荒れた地域となっている場合が多いこと、などを指摘することができる。

移民個人や移民集団に焦点を当てると、彼（彼女）らが直面していることは、何世代も前の移民が経験したことと同じような障壁、課題であり、移民をめぐる根幹部分はあまり変わっていない。

日本がこれから移民を受入れるのであれば、移民に対する反感・差別・憎悪などによってもたらされる不利益を和らげ、さらにそれらを除去して、移民・移住先国・出身国のいずれにも利益をもたらす政策を立案するという難題に取り組む必要がある。

3．移民を生み出す要因と移民のコントロール

(1) 移民を生み出す要因

移民の流れを生み出す要因については、母国から移民として人を押し出す「プッシュ要因」と移住を引き寄せる「プル要因」の組み合わせが有力な説と考えられてきた。この考え方は個人が出国と行き先を自由に選択できるこ

とを前提としているが、本人の力が及ばない種々の要因を考える必要がある。

第1に、マクロ的要因であるが、国と世界の経済的・政治的状況、グローバル化、および移民を制御・管理する法律と慣習などが移民の流れの底流となる。第2に、ミクロ的要因として、移民自身の友人・家族との社会的ネットワーク、送出し国と移住先国の地域社会との結びつき、移民が入手できる情報量などによって移民の出国および移住先の国および地域を選択することなどが考えられる。第3に、移住の促進要因としては、移民を募る組織、周旋人や密入国斡旋業者など、移住の過程にかかわる仲介役の存在などがある。

(2) 移民のコントロール

ほとんどの国では、自国の国民の出国・帰国に厳しい制限を課していない。しかし、他国民が自国に入ることに関しては、かなり厳しい制限を課している国が多い。移民の数が増加しているにもかかわらず、国境を越える人の移動を管理する包括的な国際法的枠組みは存在しない。国家が自国の国境を管理する自由は当然のことと考えられ、多くの国では政治的圧力を背景として、移民の管理・制限を行っている。

移民政策はその時々の政治・経済情勢によって、違いがある。例えば、今日のヨーロッパ諸国での移民政策は、一方で移民の存在を安全への脅威と位置づけ、従来の移住を制限する動きがあり、他方には労働市場の不足を補う「積極的」移民政策への転換が見られ、出生率の低下と高齢化による自国の労働力を補充し高齢者の介護に活用しようとしているのである。しかし、移民を受け入れるだけではこれらの問題の解消にはつながらず、流入する移民そのものが深刻な統合問題を引き起こすことになり、移民流入の管理は激しい議論を呼ぶ問題となっている。いずれにせよ、移民の導入で利益をえる集団は、状況が悪くなった場合には、移民を差別的に扱う場合が多く、その場合には移民の失業率上昇、社会不安の高まりなどの社会的コストが発生し、そのコストは社会全体が負担することになる。これらの点についても十分に留意する必要がある。

4. 移民受入れの効果と逆効果

移民受入れの効果と逆効果を考える場合、利益と不利益の評価とは、立場によって大きく異なる。即ち、個人・集団・組織・地域・国家などのレベル

で、しばしば同一の事象の評価が正反対となる。また、時間の経過とともに評価が変化する可能性がある。移民を取り巻くさまざまな要因は相互に複雑に絡み合い、移民に対する評価は時間的経過・状況変化とともに、マイナス面を消す地道な努力を積み重ねることによりマイナス効果をプラス効果へと変化させることができる。さらに重要なことは、移民の受入れ規模と受入れ態勢の状況が利益と不利益の量と質を規定し、効果を高めたり逆効果を深刻化させたりする。移民の効果と逆効果は決して固定的なものではない。

移民の効果と逆効果に関する論点を単純化し整理すると以下のようになる。

(1) 人に注目した場合の論点

1） 一般には、移民は発展途上国から先進国へと移住し、先進国で人手不足が深刻な産業分野で就労する。人手不足の解消にどれだけ役立つかは、移民の受入れ人数の規模による。人手不足の解消につながることは雇用主によって評価されるが、先進国の労働者にとっては、自分たちの職場を奪う者、労働条件を引き下げる者として反感・憎悪の対象となることがある。

景気変動などにより人手が過剰となると、移民が人員削減の対象となり、移民の失業率が高まる。多くの論者はこの点を重視し移民導入は逆効果だと考えている。

他方、世界的な規模で技術開発競争が行われている今日では、高度技術を保有している移民の獲得競争が激しくなり、各国は人材獲得を競い合っている。

2） 人に注目した場合のもう1つの側面は、移民本人とその家族が地域社会においてどのような生活を営むのかが移民の評価を分けるポイントとなる。最も悪い事例としては、受入れ国とほとんど接点をもたない「ゲットー」を指摘することができる。他方、移民と地域住民との交流が円滑に行われている事例も数多くある。かくして、移民側と地域住民の双方の努力の程度によって、効果と逆効果は変化する。

3） 人に注目して長期の問題を考えた場合、最も重要なポイントは、移民の子どもたちをどのように教育するのか、という問題である。教育は即効性のある側面と長期にわたり少しずつ効果が現れる側面、さらに、同じように教育を行っても個人によってその効果が異なるという側面、などがある。これらを総合的に判断する必要があるが、移民の子どもの教育は不可欠である。

4) 視点が若干異なるが、移民導入が人口構造の若返りに貢献すると考える者がいるが、受入れ先国の国民と同様に、移民も急速に少子・高齢化が進行し、人口構造の若返りを達成するためには、絶えず相当の規模の移民を受入れ続けねばならなくなる。

(2) 経済成長への貢献に注目した場合の論点

移民の受入れと経済成長との関係は絶えず議論されてきた。移民の受入れは人口の増加と労働力人口の増加により、経済成長率を高める。しかし、移民が低生産性部門に導入されたとすると、この低生産性部門の延命につながり、低生産性部門から高生産性部門への生産要素の移動を妨げることとなり、結果的に経済全体の成長率を低め、移民導入は逆効果である、との指摘もある。

他方では、技術革新の担い手として優れた能力を持った移民が導入されれば、新製品の開発や生産効率の向上などがもたらされ、経済成長率を高める、と評価される。

さらに、移民は労働力としてだけでなく、異質の文化や新たな発想を持ち込み、社会を変革するエネルギーを生み出すことが期待される。

(3) 短期的効果と長期的効果に関する論点

すでに指摘してきたように、移民の導入は人手不足の解消には即効薬となる。しかし、この即効薬の二面性に注意する必要がある。雇い主側が「必要な時に必要な労働力を移民でカバーしたい」という要請は根強いものがある。しかし、このことは、裏を返せば「不必要になれば、移民を排出する」ことを意味しており、その場合には移民は失業し、移民労働者の失業率は高まる。

移民労働者の高い失業率は、移民の第2世代の成長に悪影響を与え、移民の子どもたちが健全に成長しなくなると、社会にマイナスの負担を強いることになりかねない。このような事態を避けるためには、既に指摘した移民第2世代の教育が重要となる。移民を対象にして長期にわたる教育・訓練が実施されることが望ましい。

しかし、誰がこの教育の費用を負担するのか、ということが問題となる。現時点の日本の若年者への教育・訓練の状況からすると、移民の第2世代への教育はきわめて手薄になることが懸念され、移民導入の逆効果が顕在化するのではないかと危惧される。

発想を転換し、「長期的に質の高い労働力とするための教育・訓練の必要性」を実現する方策をさぐり、その一環として移民労働者およびその第2世代の教育を組みこむことが求められる。

(4) 受入れ地域に注目した場合の論点

1) 移民と受入れ地域との関係は複雑であり、移民の言語・宗教・生活習慣などの違いが受入れ地域の住民から反発を招くことが多い。移民の数が少数であれば問題は顕在化しないが、移民の数が地域住民と対比して多くなり、しかも、移民の所得レベルが低い場合には、地域社会における住民と移民との間で緊張・軋轢が高まる。

2) 移民への反発・嫌悪の感情が生まれる深層部分には異質の者を排除・排斥しようとする感情があると思われる。このような感情がどのように生まれ、その感情を中和するものは何か、などを歴史的・実証的に検討し、対策を講じることが求められる。

3) 根源的な問題を回避した簡便な方策は、移民が入国した時点で、言語や基本的習慣について学ぶシステムを確立することであろうが、このシステムの整備はどこの国でも進んでいない。それゆえに、移民のマイナス面が表面化することになる。

(5) 雇用に注目した場合の論点

1) 移民は受入れ国の国民の雇用機会を奪う、と非難されることがある。移民は受入れ国の国民が忌避するいわゆる3Kの仕事をすることが多い。したがって、受入れ国の労働力を補完していると考えられるが、移民が受入れ国の国民の雇用機会に影響を与えているかどうかは明らかではない。

2) 移民の内部では雇用をめぐって格差が見られる。即ち、移民の多くは建築現場やサービス分野などで比較的単純な労働に従事しているが、より高度の技能を必要とする職種に就いている者が少数いる。底辺には、失業中の者や職に就けない者などがいる。

3) 問題となることは、上記の三層の格差が固定化されるか否かである。移民の雇用機会が特定の職種に限定されず、組織の内部でキャリアを積むことができる制度が機能しているか否かによって、移民の能力を十分に引き出しているか否かに分かれる。

4) 移民が配置された職場において、上司や仲間とのコミュニケーショ

ンが円滑であることが雇用継続にとって重要となる。問題になることは、受入れ国の言語を駆使することが可能か否かによって移民の立場が変化することである。コミュニケーションが難しい場合には、移民が就ける職種が限定され、固定化される。このような事態を避けるためには、移民への言語教育が必須となるが、言語教育は移民のアイデンティティとも関連するために、その具体的方法が絶えず議論されている。

　5)　移民は失業のリスクが高く、失業期間が長期化することが指摘されている。移民の失業を放置することは移民個人だけでなく社会全体にとってもマイナスの効果となる。移民の離転職がスムーズに行われる労働市場の構築によってマイナス面をカバーすることが求められている。

5．現時点での総括

　以上、紙幅の関係で多くの領域についての検討を割愛せざるをえなかったが、ある程度重要と思われる諸点について移民受入れの効果と逆効果を検討してきた。受入れ国や送出し国の社会・経済状況が変化するなかで、移民受入れによる効果と逆効果の内容は時間と共に絶えず変化し、両者のバランスも変化する。基本線としては、大枠としての国家の大きな目標とそれぞれの時点での各界の要請、積み重ねてきた諸対策などの検討を経て、どのような移民政策が望ましいかが導き出されてきた。

　すでに指摘したことであるが、日本は大きな岐路に立っているが、国家としての目標が定まっているわけではないし、経済政策や雇用政策のあり方についても、方向性に関する国民的合意が形成されているとも言えない。さらに、移民に関するこれまでの他国の経験についての検討やそれを受けた日本の対応についての政策議論が十分になされている状態ではない。

　いま必要なことは、多面的に問題点を掘り下げ、複数の選択肢を導き出す地道な努力であり、派手に「花火」を打ち上げることではない。国際人口移動は移動する人間一人ひとりの生活と運命に深く関係する重大な行為であり、国力や経済力を尺度とした議論に偏することを慎むべきであろう。適切なデータの整備を進め、それに基づいた国民的規模での冷静な議論が展開されることが求められている。

[参考文献]
・安里和晃編著 2011『労働鎖国ニッポンの崩壊』ダイヤモンド社。
・川村千鶴子・近藤敦・中本博皓編著 2009『移民政策へのアプローチ』明石書店。
・キーリー・ブライアン（濱田久美子訳）2010『よくわかる国際移民——グローバル化の人間的側面』明石書店。
・依光正哲編著 2009『日本の移民政策を考える——人口減少社会の課題』、明石書店。
・坂中英徳・浅川晃広 2007『移民国家ニッポン——1000万人の移民が日本を救う』日本加除出版。
・坂中英徳 2011『日本型移民国家への道』東信堂。
・*Population Division, United Nations. 2001. Replacement Migration: Is It a Solution to Declining and Ageing Populations*? USA: United Nations Publication.

（よりみつ・まさとし）

第2部

外国人居住者支援にかかわる制度・政策的課題

第4章

転換期の外国人支援運動

吉成勝男

APFS 相談役・立教大学社会学部講師

1. はじめに

　1980年代半ば以降、就労を目的として多くの外国人が来日した。ニューカマーと呼ばれたこれらの人々のなかには、認められた在留期間を超えて滞在する者も少なくなかった。いわゆる不法残留外国人である。ここでは、不法残留という言葉の持つ意味が過剰に当事者を傷つけるということから非正規滞在外国人という。1993年に非正規滞在外国人は29万人を超える。以降減少を続け、現在では6万人足らずとなっている。当時、熟練とはみなされない労働者が不足していたこともあり、非正規滞在外国人が外国人労働者全体に占める割合も非常に高くなっていた。

　もちろん、非正規滞在になったことは本人の選択もあろうが、これらの人々を生み出した歴史的な背景、母国での生活状況、送り出し国、受け入れ国が果たしてきた役割など個人ではどうにもならない問題もあり、その責任のすべてを非正規滞在外国人本人に押し付けることはできない。

　非正規滞在外国人は、次第に日本社会に定着し、婚姻や家族の呼び寄せなどにより強固な生活の基盤を形成することになる。周知のように日本は血統主義をとっており、両親が共に非正規滞在であった場合、生まれた子どもも非正規滞在となる。欧米のように政策的に一斉合法化措置を行わないできた日本では、非正規滞在外国人を合法化する道は法務大臣が個別の事情を考慮し、恩恵として認める在留特別許可しかない。

　日本人や永住者との婚姻、日本国籍の子を養育している場合、あるいは小学校高学年の子を持つ家族など在留特別許可が認められる要素は様々である。在留特別許可を求めて入国管理局に出頭をする外国人もいるが、多くの場合、

入国管理局に摘発されるか、警察によって逮捕され処分が決まったのちに退去強制の手続にはいる。とくに摘発が先行した場合には、すでに日本で生活している親族や日本人の知人、友人、子どもであれば学校の担任などの支援者による支援活動が大きな力となることがある。

人口減少による経済の縮小、東京オリンピック、パラリンピックを前にして介護、建設労働者の不足が危惧される中で、外国人労働者を受け入れようとの議論が始まっている。すでに日本は移民政策をとらないと安倍晋三首相は明言しているが、明確な外国人政策も多文化共生政策も不在のまま、サイドドアやバックドアから大量の外国人が流入してくれば、これまでの経験から非正規滞在となる外国人も増加することは間違いない。

本章では、非正規滞在外国人の在留を求める活動などに対する支援運動に主たる視点を置いて、限られた範囲ではあるが、これまでの支援運動の流れや今後の課題について述べていきたい。なお、弁護士等による法的な支援活動や処分取消し等の裁判に対する支援運動は、必要がない限り今回のテーマとしては扱わない。

2. 非正規滞在外国人の合法化をめぐる支援運動

1999年9月1日に行われた在留特別許可一斉出頭行動は、日本の入管行政を大きく突き動かしたこと、また当時21万人と言われた非正規滞在外国人自身にも大きな衝撃と希望を与えたこと、さらに緻密で大掛かりな支援活動が展開されたという点で、非正規滞在外国人の合法化を求める支援活動の中でも特筆すべきである。一斉出頭行動は第一次、第二次、第三次にわたって行われ、最終的には17家族、3個人・64名が在留特別許可を求めて東京入国管理局に出頭をしたものである。出頭に至る経緯、当事者の話や結果の総括などについては、すでにいくつかの著書でふれられているので、ここでは支援運動の内実、支援する側が支援される側である非正規滞在外国人との関係においてどのような行動をとったかについて検討を加えたい。

(1) 支援に至るまで

この一斉出頭行動を支援したのは、1987年12月に設立された在日外国人を支援する市民団体であるASIAN PEOPLE'S FRIENDSHIP SOCIETY (APFS)であった。一斉出頭行動のような大掛かりな支援は在日外国人を対

1999年9月1日に非正規滞在外国人が一斉出頭する直前に行った記者会見。

象として在留、労働、生活、医療など全般にわたる支援活動を10年以上も続けてきたAPFSにとっても初めてのことであった。

ただ非正規滞在外国人の定住化と家族の形成という状況を前にして、非正規滞在外国人自身が一斉出頭のような社会にインパクトを与える何らかの行動を求めていたことも背景にある。また一向に改善することがない非正規滞在外国人に対する人権侵害を前にしてマスコミも声をあげはじめていた。1999年1月、朝日新聞は「内なる国際化の前線で」と題する社説を掲載し、日本社会が「超過滞在外国人」とどのように向き合ってきたのかを問い、「現在の排除政策が最善とは言い切れまい」と、非正規滞在外国人の合法化を示唆している。

支援団体は当事者の熱意と社会的な状況の変化に突き動かされ、1年近くの時間をかけて当事者と共に一斉出頭行動の大まかな構想と予想される展開を議論していった。もちろん、支援される者と支援する者の立場の違いがあり、文化的、思想的な背景の相違も打ち崩すことが困難な壁としてあった。簡単には乗り越えられない壁である。

(2) 緊張の持続により築かれた信頼関係

現行の入管法では、非正規滞在外国人について摘発等が行われた場合、全

件収容主義をとっている。たとえ自ら出頭した者でも収容令書が発付され原則として収容したうえで、退去強制の手続きが始まる。一斉出頭行動では、乳幼児から70歳を超えた高齢者まで含まれていた。これらの人たちは過酷な収容に耐えられるのであろうか。出頭を目前にして当事者の緊張と不安は極度に高まり、支援団体であるAPFSのメンバーとの打ち合わせでも怒号や厳しい言葉が飛び交うこともあった。しかし、当然のこととして支援者としては当事者に多くを期待してしまう傾向がある。とくに、市民団体として在日外国人支援の社会運動を継続してきた立場から、行動に社会的意義と大義を持たせることに苦心をする。当事者を置き去りにして、行動の正当性や理論化を進めてしまう。

　一方で、支援される側である当事者にとって社会的な意義や入管体制に対する批判などは、それほど大きな意味を持たない。在留特別許可が認められることで一日も早く合法的な地位がほしい、安定した生活をしたいということになる。当事者と支援をする側の意識のずれは次第に広がり、大きな溝になることもある。埋められない溝ができてしまうと、そこが弱点となり入国管理局に付け入るすきを与えることになりかねない。

　1970年代初頭に、企業内労働組合にも見捨てられ、たった一人で解雇撤回闘争を闘ういわゆるひとり争議が頻発した時期があった。ひとり争議を闘う当該の中には個性の強い人も少なからずおり、支援者との軋轢も生み出された。こうしたときは、常に当事者がどのような闘い方を求めているのか、どのような解決を望んでいるのか、が最も大切な要素となる。ただ勝利すればよい、というものではない。支援する側も当事者の思いに寄り添いながら、共に闘っていかなければならない。そうした中から「共に闘う会」、と言われる支援運動方式が生み出された。

　一斉出頭行動についても、多くの事例を解決してきた経験から非正規滞在外国人の置かれている状況について精通し、入管政策の非人道性を指摘し、批判してきた支援団体としても、すすむ方向で意見が対立したときなどは、当事者と激しい議論はするものの、最終的には当事者の立場や意向を尊重することになる。ただ失敗は許されないのも確かである。在留特別許可が認められなければ、自らの意思に反して母国に送還され、家族が路頭に迷う可能性もあることから、支援団体としては一歩も譲れない場合もある。こうした一連の緊張した議論を通して、当事者と支援者との信頼関係は確実に深まることになる。

2000年5月に行った非正規滞在外国人による銀座パレード。

(3) 結果に対する支援団体の責任

　1999年9月1日に開始された一斉出頭行動は、2006年、長女のみ在留特別許可を認め、両親と次女は帰国するというアミネ家族に対する入国管理局の処分を最後に集結した。一斉出頭行動の結果は、17家族、3個人・64名のうち、43名に在留特別許可が認められた。認められなかった家族や個人は一時収容された者もいたが、すべて自主的に帰国していった。在留特別許可が認められた家族や個人は、結果に対して大いに満足であった。支援団体の献身的な活動を称賛し、不許可の裁決を前に落胆する家族を前にして入国管理局前で喜びの記念撮影をする家族さえいた。

　一方で、在留特別許可が認められず帰国を余儀なくされた家族や個人のなかには行動への批判や不満を周囲に語り、自らが行動の被害者であるとすら述べる者もいた。不許可の裁決が出された直後に、支援者に対するねぎらいの言葉もないままに帰国をしていった家族もいた。支援運動が不十分であったとする無言の抗議なのであろうか。当然ではあるが、この行動についての評価は当事者と支援団体ではまったく異なったものになった。

　そこで支援団体の側はどうであったのだろうか。APFSでは、この行動が

入管行政に与えた衝撃、運動の社会的な広がり、さらにこれまで闇の中で見えない存在とされてきた非正規滞在外国人が自ら社会の表に出てきたこと、そしてその非正規滞在外国人の処遇について議論ができる道筋をつけたことなどを主な成果とした。その後、この行動や全国各地の支援団体の一連の活動によって、法務省入国管理局は在留特別許可が認められた事例、認められなかった事例などをホームページ上に掲載した。そのうえ、「在留特別許可に係るガイドライン」を公表し、在留特別許可について一定の「基準」を明確にした。支援団体としては、これらを積極的に評価した。強固に見えた入管体制の一角が崩れていくのを感じたのである。

しかし在留特別許可が認められず、帰国を余儀なくされた家族や個人に対して支援団体としての責任はあるのかないのか判断は非常に難しい。帰国を余儀なくされた家族や個人が、母国で困難な生活を強いられていることは想像に難くない。出頭は強制したものではない。事前に十分な話し合いも行われ、入国管理局の姿勢が極めて厳しいことも伝えてある。当時の顧問弁護士も、裁判になった場合に勝てる見込みはない、とまで述べている。その結果、出頭という道を選択したのは当事者であった。小学校高学年の子どもにもわかりやすく事態を説明していた。支援団体は、その決意の固さや当事者の行動力に引き付けられるように支援をしてきた。したがって、どちらの側にも結果にについて不満はないはずである。

問題は、この支援運動を通して支援者たちがどのように変わってきたのかである。人道的な観点からかかわってきた人たち、子どもの将来を危惧して駆けつけてきた学生や若者たち、政府の外国人・入国管理政策に反対する立場から支援運動に参加したグループ。各々が、この行動に参加する中で、同情や人道的な観点からだけではなく、非正規滞在外国人が生み出される歴史的、社会的な背景を理解し、その心に思いを寄せ、現行の入管体制が非正規滞在のみならず合法的に在留する外国人にとっても過酷なものであることを考える転機となったことに気づいたかである。結果に対して経済的、個人的な責任はとれないとしても、それが支援団体及び支援者としての最低限の責任の取り方であるといえる。

次節では、在留特別許可を求める外国人に対する支援運動ではないが、台湾出身で中華人民共和国籍を選択した劉彩品(リュウサイヒン)さんの支援運動について述べる。40数年前の出来事であるが、日本人を中心とした支援団体と支援される外国人との関係について、いまでも十分に通じるものがある。

3. 劉彩品支援運動に見る日本人の責任

(1) 劉さん支援運動の経過

劉彩品支援運動については、劉さんを守る友人の会編（1971）『日本人のあなたと中国人のわたし――劉彩品運動の記録』に基づく。

劉さんは1956年5月に私費留学生として来日した。1961年4月には東京大学の大学院（天文学）の修士課程を修了し、1963年に同大学院博士課程にすすんだ。1966年には日本人男性と婚姻し、その後長男と次男が生まれた。1968年には台湾の旅券の期限が切れたものの更新手続をしないまま、1970年4月に入国管理局で在留期間更新及び永住許可申請をした。当初、劉さんが旅券の更新をしなかったのは、旅券更新のためには同国籍の連帯保証人が必要であり、台湾政府を快く思っていなかった劉さんの連帯保証人になれば、過酷な弾圧政策をとる台湾政府の実情からして連帯保証人に身の危険が及ぶのではないかと危惧したからである。ベトナム人留学生の前例もあることから、劉さんは旅券なしでも在留期間更新の許可がなされると考えていた。

旅券の更新手続をするつもりがないと、主張する劉さんに対して、入国管理局は台湾大使館に行き、旅券更新の手続をしない理由を書面で出すことを要求してきた。大使館に行きさえすれば、連帯保証人なしで旅券の更新ができるようにする、という入国管理局の言葉のなかに、日本政府と台湾政府の深い関係を感じ取った劉さんの不信感は一層高まっていった。ここで劉さんは大使館に出向き、旅券の更新をするか、自らの思想・信条を明確にするのか否応なく迫られることになった。悩みぬいた末に、劉さんは思想・信条に忠実でありたいとの立場から「中華民国を拒否し、中華人民共和国を自分の国として」選択をしたうえで、在留期間更新の手続を進めることにした。これまで、「旅券を更新する意思がない」とだけ主張してきた劉さんにとって、これは生命・身体に危険が及ぶことを意味していた。そして前述のとおり入国管理局はこの理由を「理由書」として書面で提出するように強く求めてきたのである。

(2) 支援運動の開始

在留期間が更新されなければ「不法残留」となり、退去強制の手続きが一方的にとられてしまう可能性を危惧した劉さんは、同年5月20日付のビラに

おいて初めて「日本人並びに在日外国人」に対して自らを含む外国人の状況について注目するように呼びかけた。さらに5月29日に2枚目のビラを書いて、学生、院生、友人たちに劉さんを支援するよう要請をした。

　徐々にではあるが劉さんの訴えは日本人の間に浸透していった。「友人の会」の立ち上げが構想され、具体的に「大衆運動の展開、広範な社会的監視体制の確立」などが話し合われていった。友人たちは、劉さんを全力で守りきることを決意すると同時に、「私たち日本人にとって、ようやく気づいた"わが恥ずべき入管体制"こそが問題ではないか」（38頁）との問いに答えを出すべく支援運動に踏み出していった。

(3) 日本人の責務としての支援運動

　劉さんは、かつて侵略者として中国や韓国・朝鮮に君臨してきた日本及び日本人をことあるごとに批判をしてきた。それは戦後、経済大国となりアジア諸国に進出する日本も本質的には同様であると考えていた。さらには現行の入管体制の一端を支えているのも日本人自身に他ならないと繰り返してきた。支援運動は、劉さんのこの主張を前提として開始されたのである。

　いわば「抑圧民族と被抑圧民族」との関係を告発にした劉さんの鋭い言動に触発される形態をとりながら、以降支援運動は進んでいく。6月6日に開催された支援集会の場における「国府政権の問題は私たち中国人の問題です。けれども入管の問題はあなた方日本人の問題です。私の問題を私の問題としてだけ見ないでいただきたい」（61頁）と言い切った劉さんの言葉は象徴的でさえある。これら一連の劉さんの発言により夫を含めて周囲の日本人は反論するすべもなく、支援運動は大きな広がりを見せる、というよりも活動の内実、日本人の立場性を問うものとして展開していく。

　ここで注目しなければならないのは、当時、法務省入国管理局は当事者や夫ばかりでなく、支援する東大の教授や友人の会などの代表とも直接に会って事情を説明している。個人情報も含めて、かなり踏み込んだ話し合いをしている。あるときなどは、教授に対して劉さんを説得してほしいと、依頼までしている。現在、法務省入国管理局は在留特別許可を求める本人や配偶者との交渉は「当事者である」ということをもって一切応じない。裁判で係争中の場合、代理人弁護士の同席すら拒否することもある。一方、劉さんは教授らによるこうした支援についても教授という社会的に見れば「特権階級」である者を、入国管理局が特別に扱っているとやや批判的な目で見ているが、

(4)「絶縁書に関する評価」

　入国管理局の方針は二転三転したが、劉さんに対して台湾政府宛に「絶縁書」を送付するよう迫った。結論を言えば、劉さんは中国籍をはく奪されるおそれを抱きながら「絶縁書」を書くことになる。この「絶縁書」は、台湾政府の正当性を否定し、中華人民共和国を自らの祖国であると宣言し、毛沢東思想を支持する内容であったことから、支援者の間でも大きな反響を呼んだ。劉さんの思想的な立ち位置を批判する者、そんな発言をすれば、在留期間の更新が受けられなくなってしまうと善意の忠告をする教官たちもいた。

　一方で、この「絶縁書」により劉さんの心の内に秘めた思いや思想に初めて触れ驚きをもって受け止める支援者も少なくなかった。この時点で、支援運動は極めて政治的でメッセージ性の高い段階にはいり、掲げられるスローガンも劉さんの在留期間更新許可だけを問題とするものではなくなる。

(5)　在留期間更新許可へ

　９月24日、ついに入国管理局は劉さんの在留期間更新を許可した。この場には、劉さんは出席をしなかったが、友人の会代表と弁護士が同席し、入国管理局に①「絶縁書」が国籍離脱宣言ではない②外国人登録証の国籍欄には台湾政府が劉さんの国籍をはく奪しても「中国」と記載する③更新する在留期間は３年とする④次回の在留期間更新時には一切の文書を提出しない、この４点を再確認した。

　在留期間更新許可が出てから２週間ほどたって、劉さんはビラを出した。その中で、劉さんは「３年間の無条件在留を"獲得"した」ことは「支援運動を背景にして殆ど全面的に法務省から勝ち取ったと言えるだろう。しかし勝利感は勿論のことない」とした上で、「命をかけた私の決心は、日本の友人に支援を要請できる正当性（入管は私を抑圧し、それを支えているのは日本人）」（186頁）があるとさえ述べている。

　わずか３、４カ月の間に、支援運動は日本国籍の配偶者や子どもがいるから人道的に在留期間更新が認められなければならない、という観点から政治的にも思想的にも大きく飛躍した。そして劉さんはあらためてこう問いかけたのである。「貴方達は何故私を支援したのか、一定の成果を勝ち取ったとはいえ、何を獲得したのか」（190頁）と。

(6) 劉彩品支援運動の評価

　前述の支援運動は非正規滞在外国人の在留特別許可取得にかかわる支援と同じレベルで評価することはできない。ただ、外国人にとって在留資格や在留期間の更新は生活の安定性や社会保障の内容などで大きな影響を受ける。在留期間の更新が許可されない場合、退去強制もあり得る。

　当初、支援運動は劉さんの在留期間更新を許可させるところから始まった。もちろん、分断された国家の一方の出身であり、日本政府は中華人民共和国を認めていないという難しい面もあった。だが入国管理局の頑なな姿勢は、劉さんが思想・信条まで吐露しなければならないほどにまで追い詰めた。

　その結果、日本人を中心とした支援運動は大きく転換していく。その成果は在留期間更新許可を勝ち取っただけではない。日本人支援者の心の中に、日本に在住する外国人にとって入管体制とは抑圧そのものであり、分断国家の一方を支援する日本政府は非難されるべきなのではないかとの疑問を生じさせていた。劉さんの言葉一つに支援者は戸惑い、驚きながら、真摯に向き合い在留期間更新許可という課題を突破した。

　もちろん、現行の入管体制をどのように打破していくのか、外国人住民との協働の中で差別と偏見のない社会をどのようにつくって行くのか、という大きな課題は残されたままである。これはいまも、ほとんどが解決されていない。しかし第1節でもふれたが、支援される側、支援する側とも多少の不満や批判を抱きながら終えて行った在留特別許可一斉行動における支援運動が達成できなかった変革の萌芽を劉彩品支援運動は形づくったのである。次節では、韓国籍の協定永住者が初めて退去強制に直面した際に展開された支援運動を簡単に振り返りたい。

4.「S君を支える会と支援をめぐる論争」

(1)「S君を支える会設立に至る経緯」

　以下に述べる「S君を支える会」が設立された経過は、2014年7月27日付で発行された「S君を支える会」の記録（『むくげ通信』265号、1〜6頁）（飛田雄一）より引用する。なお、ここではSさんの実名が出されているが、その後、飛田が講演会などでSさんとして話をしていることから、この節ではSさんとする。

　日本で生まれ、育った在日コリアンであるSさんは、日韓法的地位協定に

よる「協定永住者」として暮らしてきた。少年であった時に、犯罪に加わり逮捕され、裁判で8年の懲役刑が確定し服役した。Sさんは「模範囚」として過ごし、1973年9月に刑期を6年半に短縮され出所した。しかし、少年刑務所の前でSさんを待ち受けていたのは入国管理局の警備官であった。

「協定永住者」でも7年以上の懲役刑を受けた場合には退去強制とする、という項目が日韓法的地位協定に盛り込まれていたのである。Sさんは「協定永住者」として初めて強制送還に直面したのである。いうまでもなく、在日コリアンのほとんどは日本に生活の基盤を有しており、両親も日本に在住していることから送還すること自体が大きな問題である。また、Sさんはすでに刑期を終えており、送還は二重の刑罰を科すことになる。だがSさんは長崎県の大村収容所に送られた。

同年11月28日に韓国へ向けて「送還船」が出港する予定であり、Sさんの名前も送還者名簿に載っていた。家族が駆け回り、ようやく送還の執行部分停止の決定が出たのが11月22日であった。送還を寸前でかろうじてのがれたSさんであったが、仮放免が認められる翌年2月まで大村収容所に収容されることになる。すでに1月から裁判が始まっており、支援運動は「退去強制処分の取消しと特別在留許可を求める」訴訟と「S君が引き続き協定永住者であることを主張する『認定処分取消し』訴訟」の2つの裁判を中心として組織されることになる。

(2) 支える会の全国化

1973年12月にS君を救う会が設立された。救う会は、日本人と在日コリアンによって構成されていた。1974年2月からは「S君を支える会」と名称を改め、Sさんの特別在留許可を求めて闘いが開始された。裁判では、在日コリアンの牧師やSさんが育った地域の知人、「在日コリアンの法的地位問題の第一人者」などが証人として出廷し、また研究者によって国際法からみた鑑定書が出された。

当時、「S君を支える会」が在日コリアンも交えて設立された背景には、日立就職差別裁判や原爆被爆者である孫振斗(ソンジンドゥ)さんの原爆手帳交付を求める闘いなどがあり、在日コリアンに対する差別や偏見が厳然として残る日本社会に向けるまなざしが一段と厳しくなっていたこともある。兵庫県の宝塚を中心として開始された支える会の運動は、次第に全国へと広がっていく。3月には在日韓国青年同盟などの在日コリアンと日本人の支援組織が「支える会

関西連絡会」を結成し、ほどなくして関東連絡会、東海連絡会などが相次いで設立された。

(3) 支える会の凍結

1975年8月に支える会の全国合宿の場で、いわゆる「ＡＢ論争」なるものが始まった。当時の資料が散逸しており、論争の発端や経過及び総括などは定かではないが、関係者によれば「熾烈な論争」が行われたようである。論争の要点はＳさんが特別在留許可を勝ち取るにあたって、全体状況を主要なテーマとするのか、個別の活動に重点を置くのかというものであったと推測できる。全体状況、つまり入管体制に象徴される日本政府の政策に対する根本的な批判や反対運動、全体的な差別糾弾に力点を置くのか、あくまでもＳさんの特別在留許可を求めるための地道な活動を継続するのかというものである。各地域や全国レベルでの議論を経て、1976年9月に「宝塚以外の支える会の活動を凍結する」との結論が出された。のちに関係者は「このＡＢ論争に敗れていたらＳ君の特別在留許可取得は難しかったと思う」と述べている。こうした論争ののちに、1978年9月にＳさんは裁判を取り下げ、入国管理局は同年12月にＳさんの在留を認めることになる。Ｓさんの特別在留許可を求める支援運動は翌年3月にニュースの最終号を出して終結した。

(4) 誰のための支援運動か

Ｓさんの支援運動は全体か個別か、という典型的な対立軸を中心に進められた。前述の一斉出頭行動においても自らの在留特別許可の取得という個別にこだわり続ける当事者と運動の社会的な意義や入管行政を強く批判する支援者とのずれがあった。Ｓさんの支援運動はおそらく、そこに政治党派などの影響も強く受けたものであったと推測できる。

先の関係者が述べているように「熾烈な論争」は、決定的な支援団体の分裂、活動の停止には至らず、かろうじて宝塚を中心とした支える会のみ存続させることで、運動を継続することができた。そして結果としてＳさんに在留が認められている。

支える会の中に当事者であるＳさんはもちろんのこと、多くの在日コリアンがかかわっていたことで、より現実的な解決方法を見出すことができたのであろう。観念的かつ一般論的な議論をＳさんの在留という極めて切実な課題に引き戻すことができたのは、在日コリアンの存在が大きな役割を果たし

たといえる。在日コリアンもSさんの問題を他人事とは考えられなかったのである。

5．転換期の外国人支援運動

(1) 在留特別許可をめぐる支援運動の現状
　かつて30万人近くに達した非正規滞在外国人は、6万人程度と大きく減少した。非正規滞在であっても日本人や特別永住者の配偶者となった外国人に在留特別許可が以前よりはるかに迅速に認められるようになった。支援者が付かないままに「順調」とも思えるほど早く在留が認められる事例も増えている。
　しかし国境の壁が低くなり、様々なルートがつくられ入国方法が多様化する中で、過去の入国方法を罪に問われ、容易に在留特別許可が認められない外国人が少なくないことも確かである。こうした外国人に対しては、支援団体が強力な支援を展開していくことが必要である。非正規滞在外国人の存在を社会の明るみに引出し、その合法化の正当性を訴えていく活動は欠かせないだろう。

(2) 支援運動の担い手の多様化
　2009年、フィリピン国籍のカルデロン家族に在留特別許可を認めさせる支援運動があった。入管行政、難民問題に精通している弁護士が支援の中心を担い、主に国会議員を動かし、マスコミに訴える形態をとりながら支援運動は進められた。この支援運動はまだ中学生の長女が連日マスコミに取り上げられるという異常な状況の中で、非正規滞在外国人を擁護する意見が多数寄せられる一方、長女の中学校にまで反対派が押し掛けるなど社会的にも大きな反響を呼んだ。マスコミを活用し社会的に問題を提起していく、新しい支援運動と言える。
　だが、支援の仕方が時代によって大きく変わるものではないことも確かである。1950年代に、密入国や退去強制事由に該当するなどとして収容された在日コリアンを支援するのに家族や近隣の住民が駆けつけ、弁護士や、「市民団体」、労働組合が大きな役割を果たしてきた経緯もある。また国会議員に要請することも同様である。それは一斉出頭行動においても、劉さん支援運動、Sさん支援運動でもみられた。

(3) 日本人支援者の意識の変化

　支援運動は支援される当事者の立ち位置や考え方によって、方向性や打ち出していく理念などが大きく左右される。当事者不在の支援運動など考えられないので、それも当然であろう。しかし当事者を交えた議論の中で、支援者が変わり、当事者も変わっていくことは大切であろう。ＡＰＦＳでは、2006年以降から積極的に個別の支援団体の設立を呼び掛けている。

　ミャンマー国籍のＴさん家族の在留特別許可を求める活動では、長男の高等学校の担任や校長先生の果たした役割が大きかった。父が勤務する会社の社長や日本人の友人らを呼びかけ人として支える会が組織され、法務省入国管理局交渉を取組んでいった。地方議員を通して国会議員にもつながり、強力な力となった。その結果、家族に在留特別許可が認められた。長男の担任は、「ごく身近に非正規滞在の生徒がいることに衝撃を受け、外国人の生徒を見かけると在留資格があるのかないのか常に気になる」と述べている。また子どもまで収容し、言葉も理解できない両親の国に送還することの「非人道性」に初めて気付いた。

　日本人女性と婚姻をし、在留特別許可を求めているバングラデシュ男性を支援している団体の代表は、この男性が非正規滞在となった後も運転免許を更新できていたこと、毎年住民税も納めていたことを指摘したうえで、非正規滞在ということで長期間にわたり収容され過酷な取り扱いを受けたことに憤激している。同時に「日本の役所のタテ割り」をバングラデシュ男性に説明できないと嘆いている。この団体代表は会社を経営しており、自由民主党を支持している。バングラデシュ男性と知り合いにならなければ、自民党政府が推し進める入管行政にまったく疑問を持たなかったであろう。

(4) 社会を変革する外国人支援運動

　支援運動は、双方向的なものであり、支援される側と支援する側を固定的にとらえてはいけない。例えば劉さんの支援運動は当事者の強い個性と固い思想・信条により支援者の心が短期間のうちに変わっていった。一方で支援運動によって根強く残る外国人差別や入管行政の問題点に気づき、ボランティアとして支援する側にまわる非正規滞在外国人も少なくない。当事者の思いをくみ取ることのできない支援運動は、いかに勝利したとしても意味がない。そもそも勝利とは何かが問われるべきである。

しかし、まったく社会性を持たない支援運動もまた意味がない。人道、人権だけでとどまっていては、問題の本質的な解決にはならない。全体か個別かといった不毛な論争ではなく、全体と個別のバランスを取りながら、そこからどのように踏み出していくのかが、今後の支援運動に問われているのではないだろうか。

6．おわりに

　冒頭にもふれたが、少子化や高齢化の進行の中で、日本で学び、働く外国人は増加することになろう。1990年代以降、多くの非正規滞在外国人が在留特別許可を認められ、合法化されている。多い年には1万件もの在留特別許可が認められた。合法化された外国人は住民として地域に在住するようになっている。これらの人々の中には、すでに「永住者」となっており、事実上移民としての生活を始めている。日本政府が認めることを頑なに拒んでいる移民がすでに日本社会の中で暮らしているのである。

　支援団体は、個別の支援だけにとどまっていていいのだろうか。これまでもみてきたように、個別か全体かといった議論は何ものも生み出さないし不毛である。いまここにある現実に向き合うだけでなく、将来を見据えた外国人、移民政策についてもその議論に参加していくことが求められているのではないだろうか。その場合、あくまでも外国人住民を支援してきた市民運動の経験者として、専門家や研究者では気が付くことのない視点をもって。

[参考文献]
・A.P.F.S.編 2002『子どもたちにアムネスティを──在留特別許可取得一斉行動の記録』現代人文社。
・朝日新聞（1999年1月5日）「内なる国際化の前線で―やわらかな社会をつくる」5面。
・飛田雄一 2014「S君を支える会」の記録─協定永住取得者初めての「強制送還」との闘い『むくげ通信』265号、pp.1-6。
・移住労働者と連帯する全国ネットワークSMJ（2014）『Migrants Network』172号（2014年8-9月号）。
・神奈川争議団共闘会議 1978 第2回議案書。
・駒井洋監修・渡戸一郎編 1996『自治体政策の展開とNGO』明石書店。
・駒井洋監修・編著 2004『移民をめぐる自治体の政策と社会運動』明石書店。
・劉さんを守る友人の会編 1971『日本人のあなたと中国人のわたし──劉彩品運動の

記録―』ライン出版。
・渡戸一郎・鈴木江理子・A.P.F.S.編著 2007『在留特別許可と日本の移民政策――「移民選別」時代の到来』明石書店。
・梁石日 1997『夜を賭けて』幻冬舎。
・スティーブン・ベートベック著、水上徹男、細萱伸子、本田量久訳 2014『トランスナショナリズム』日本評論社。

（よしなり・かつお）

第5章

外国人住民が制度の障壁を乗り越えるために
「個別支援」から「集団支援」へ

加藤丈太郎

APFS代表

はじめに

　筆者は特定非営利活動法人ASIAN PEOPLE'S FRIENDSHIP SOCIETY（以下、APFSとする）で2003年10月より活動している。APFSは「外国人住民と日本人住民の相互扶助」を目的とするNGO/NPOである。1987年12月にバングラデシュ人と日本人の手によって東京都板橋区で設立された。当時、日本で生活していたバングラデシュ人と日本人が銭湯で交流を温めた。その後、日本人がバングラデシュ人の家を訪ね、カレーを一緒に食べる機会があった。そこで、日本人はバングラデシュ人が日本社会で「差別」をはじめ、様々な問題を抱えていることを知った。個別支援だけでは限界があり、問題を解決するためには、組織を創る必要があると彼らは考えた。そして、「お互いの国の良さを語り合い、お互いに助け合っていくこと」を目的に、APFSが設立された。

　筆者は学生時代にロンドンに語学留学をした経験がある。アフリカ系移民の家にホームステイでお世話になった。当初、ホームステイと聞いて筆者が想像していたのは「白人」の家に泊まることであった。しかし、現実は異なった。ホームステイ先の街は99％以上、アフリカ系移民で構成されていた。ロンドンでは人種によるセグリゲーション（住み分け）がなされていたのである。筆者はロンドンで人種の間に目に見えない障壁があることをまざまざと感じとった。ホームステイ先には、成人した子どもが二人いた。子どもた

ちの就労先、家庭状況などを知る中から、人種による進学の障壁、就職の障壁、結婚の障壁、いろいろな障壁があるのだろうと思った。ホームステイをきっかけに人種に関わらず、誰もが自分らしく生きられる社会を創るためにはどうすればよいのかを考えるようになった。

　大学での卒業論文の執筆を機に筆者はAPFSを訪れる。筆者はAPFSの理念に共感した。事務所には外国人住民がたくさんいて、日本にこのような場所があることが新鮮に映った。大学院進学、民間会社・大学での勤務を経て、2010年4月よりAPFSを主たる仕事とするようになった。実際に相談ケースを受け持ち、相談者と二人三脚で問題解決に取り組んできた。問題解決に取り組む中で、「制度の障壁」を感じずにはいられないときが多々あった。「何とかならないのか」と相談者と悔しい思いをしたこともあった。制度の障壁をどうすれば乗り越えられるのか。制度の障壁を乗り越え、誰もが国籍にかかわらず自分らしく生きられる社会はいかに実現できるのか。これが筆者の問いである。

　本稿では、この問いへの答えを探る。大きく3つの節から構成する。第1節では、日本社会で外国人住民にとって制度の障壁となっている点を浮き彫りにする。第2節では、具体的な相談ケースを交えながら、相談者が制度の

非正規滞在者の在留特別許可を求めるAPFSのデモ（2012年3月26日）

障壁をどのように乗り越えたのか／乗り越えられなかったのかを記述し、制度の障壁について考える。第3節では制度の障壁を乗り越えるために、筆者が必要と考えている「集団支援」について論ずる。

1. 制度の障壁——外国人労働者を正面から受け入れてこなかった日本政府

　日本「政府」が受け入れたい、理想とする外国人像と、実際に日本に来たい、あるいは既に来ている外国人の実態の間には大きな差がある。

　法務省入国管理局（2010：17）は、『第4次出入国管理基本計画』において、「アジア各国を始めとする諸外国の高度人材や留学生，観光客など，我が国社会に活力をもたらす外国人」の受け入れの方向を示している。一方、『第9次雇用対策基本計画』（閣議決定）では「いわゆる単純労働者の受入れについては，（中略）十分慎重に対応することが不可欠である。」と述べられている。厚生労働省「『外国人雇用状況』の届出状況まとめ」によると、2013年10月末現在、「専門的・技術的分野の在留資格」で就労している者の割合は18.5％に留まる。一方、「身分に基づく在留資格」（日本人の配偶者、日系人など）の者は44.4％に及ぶ。以上から、外国人労働者の受け入れにおいて、理想と実態に乖離があることが分かる。

　日本政府は一貫して正面からの「単純労働者」の受け入れを拒んできた

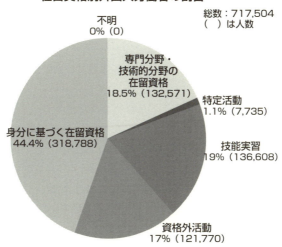

在留資格別外国人労働者の割合

(建設現場、工場、飲食店等で働く労働者を便宜上「単純労働者」と呼ぶこととする。いわゆる「単純労働者」の中には熟練した技術を持つ者も数多く存在すると筆者は信ずる）。しかし、実際には「単純労働者」が流入をしてきた現実が存在する。APFSが設立された1980年代後半には、非正規滞在者（在留資格を有さない外国人のことをいう。日本には「単純労働者」を受け入れる在留資格が未だに存在しないため、やむなく在留期限を超過する者がいる）が多く流入した。1993年には、法務省入国理局統計で29万8,646人を数えた。街で行き交う外国人のうち、5人に1人は非正規滞在であるという時代が日本社会に確かに存在したのである。

　非正規滞在者に代わって、1990年代半ばからは日系人、そして研修生・技能実習生が受け入れられるようになった。日系人は工業地帯に集住するようになった。研修生・技能実習生は地方に散住し、漁業、農業、工業、建築業等の労働に従事した。日系人、研修生・技能実習生は「単純労働者」として受け入れられたわけではないが、仕事の内容はまさに「単純労働者」そのものであった。2009年に「リーマンショック」が起きた際には、多数の日系人が職を失った。まさに彼らは労働力の調整弁として使われていたのである。日本社会では、外国人労働者の存在なしにはもはや産業が成り立たない。特に建設業、飲食業においては、その存在がないことはもはや考えられないのではないだろうか。しかし、「単純労働者」の受け入れについては日本政府が「慎重に対応」することに変わりはない。その結果として、現場ではひずみが生じている。留学生が資格外活動として認められている上限時間（28時間）を超えてアルバイトに打ち込む、難民申請者に与えられる就労許可を目的に、母国での政治的な迫害がないにもかかわらず難民認定申請をしてしまう、在留資格を得たいがために日本人配偶者との結婚を急ごうとするといった弊害も出てきていると思われる。

　にもかかわらず、日本政府はそのひずみをさらに広げようとしている。2014年4月5日には政府は「人手不足が深刻な建設業で外国人労働者の受け入れを拡大する緊急措置を決めた。（中略）東日本大震災の復興事業や2020年の東京五輪の準備で膨らむ建設需要に対応する。」（日本経済新聞）との報道がなされた。さらに、2015年1月27日には「外国人が働きながら日本の技能を学ぶ『外国人技能実習制度』の対象職種を、介護にも広げる」（日本経済新聞）との報道もなされた。技能実習の本来の目的は、実習生の送り出し国への技術移転であったはずである。しかし、これは技術移転と言えるの

だろうか。いや、労働力不足をその場しのぎで補おうとするものに他ならない。拙速な技能実習生の受け入れの拡大が果たしてなされるべきなのだろうか。現に相談現場には、技能実習に耐えられず超過滞在になってしまった者からの相談が来る。

　一方、日本社会には2015年１月現在、60,007人（法務省入国管理局統計）の非正規滞在者が存在する。APFSには非正規滞在者から正規化を求める相談が数多く寄せられている。中には、今から20年以上前、1980年代後半～1990年代前半に来日をした者も存在する。日本社会が「単純労働者」を正面から受け入れてこなかったひずみが未だ存在するのである。建設関係の熟練した技術を持っている者もいる。日本語が非常に堪能な者もいる。もし、彼らを正面から受け入れることができれば、それはきっと日本社会にとって活力となるのではないだろうか。しかし、「制度の障壁」は厚く、それを乗り越えることは容易ではない。

　次節では、制度を乗り越えた／乗り越えられなかった非正規滞在者のケースから、「制度の障壁」について考える。

２．制度の障壁──日本人との血縁関係

⑴　障壁を乗り越えた人たち
１）フィリピン人男性

　筆者の元へは、「日本に残りたい」という非正規滞在者からの相談が日々寄せられる。筆者は非正規滞在者とともに日本に残るための「在留特別許可」を法務大臣に求めている。2009年７月に法務省入国管理局によって「在留特別許可に係るガイドライン」が改訂された。「ガイドライン」では、「特に考慮する積極要素」として、「日本人の子」「日本人との間に生まれた実子を監護・養育している」「日本人と法的に婚姻が成立している」「小中学生の子どもを監護・養育している」「難病を抱えている」点が挙げられる。要素の多くを占めるのは、日本人との血縁関係に基づく要素である。

　非正規滞在者からの筆者への相談のうち、過半数を占めるのがフィリピン出身者である。「家族」に関する概念に、日本とフィリピンの間では大きな違いがある。その狭間で苦しんでいる非正規滞在者が多く存在する。日本へ出国する前にフィリピンで結婚をしている。しかし、フィリピン本国に暮らす配偶者とはもはや意思疎通がなく、日本で新たに日本人・同国人と交際

し、同居している者が少なくない。中には新たなパートナーとの間に既に子どもが誕生しているケースもある。フィリピンは、カトリックの信者が多い。フィリピンでは、一度誰かと結婚をしたら、生涯そのパートナーと婚姻関係を続けることが婚姻の前提となっている。日本のように、離婚届に署名・捺印をすれば離婚できるという状況にはない。仮に新しいパートナーと再婚したい場合には、フィリピン本国にいる配偶者との間でアナルメント（婚姻無効確認手続）を進める必要がある。アナルメントは、フィリピンで弁護士に頼むこととなるが、日本で弁護士を依頼するのと同じくらい多額の費用がかかる。弁護士費用を工面できず、いつまでもアナルメントができない。日本での新しいパートナーといつまでも結婚ができないという状況が現に発生している。したがって、見た目は、お父さん、お母さん、子どもたちと家族そのものであるにもかかわらず、法的には、夫婦も親子も他人同士のままであるという状況が生まれてしまう。

　あるフィリピン人男性は、フィリピン人女性との婚姻無効確認ができないまま、日本人女性と内縁関係にあった。既に日本人女性との間に子どもも生まれ、子どもを育んできた。ある日、非正規滞在であることが入国管理局に発覚し、収容されることとなった。しかし、当時は、一つ屋根の下で「家族」として暮らしていたにもかかわらず、法的には赤の他人であるため、「在留特別許可」が認められることなく、退去強制令書（本国に帰国せよという命令）が法務省入国管理局から発付されるに至った。

　しかし、実態としてフィリピン人男性は日本で既に家族を形成していた。両国の違いを乗り越え、法的に婚姻関係、親子関係を築かない限り展望は見えてこないと筆者は考えた。一つひとつ地道に課題をクリアし、法的な婚姻関係、親子関係が最終的には成立した。この点が評価され、フィリピン人男性には在留特別許可が認められた。日本人女性にとってのかけがえのない夫、子どもにとっての頼れる父として、日本に今後も滞在できることとなった。

　筆者がこのケースに関わるきっかけは、日本人女性から相談を受けたことであった。話を聴くうちに、フィリピン人男性が日本人女性にとってかけがえのない存在であることを理解した。日本人女性はフィリピン人男性との間に既に子どもを日本で出産していた。日本人である子どもを日本で育まなければならなかった。よって、日本人女性がフィリピン人男性とフィリピンに渡航することは難しかった。日本人女性は幼少期からたくさんの苦労をしてきた。もし、フィリピン人男性が強制送還をされ、フィリピン人男性まで奪

われてしまったら、日本人女性はかけがえのない存在を失ってしまう。そうはさせまいと思い、筆者は共に闘ってきた。一家は「制度の障壁」を乗り越え、今、日本社会で幸せに暮らしている。

2） アフリカ系女性

あるアフリカ系女性には結婚を約束した日本人男性がいた。アフリカ系女性は民族舞踊のフェスティバルに出演するため「短期滞在」の在留資格で来日をしていた。その際、日本人男性と出会った。アフリカ系女性は「短期滞在」の在留資格が切れることを心配したが、日本人男性は結婚・在留資格等全て手続を進めることを約束した。その後、アフリカ系女性は未婚のまま日本人男性との間に子どもを妊娠した。しかし、日本人男性は子どもの妊娠を受け入れられなかった。アフリカ系女性と結婚することも子どもの認知も拒み、姿をくらましてしまった。既にアフリカ系女性はオーバーステイとなっていた。アフリカ系女性の国では、子どもを堕胎することは考えられなかった。当時、アフリカ系女性はほとんど日本語が分からなかったが、異国である日本で出産することを決意した。

子どもには日本人の血が入っているわけだが、法的な後ろ盾は何も存在しなかった。アフリカ系女性と筆者は、弁護士の協力を得て認知請求訴訟を提起することにした。裁判所に日本人男性が現れることは一度もなく、訴訟は難航した。日本人男性の親族にDNAの提供を呼びかけるべく直接出向いたこともあった。しかし、親族は「私には関係ない。」と言い放つだけであった。アフリカ系女性は当時の状況を今でも鮮明に思い出すという。裁判所において、アフリカ系女性は妊娠時の日本人男性とのやり取りを克明に陳述した。結果、裁判によって認知が認められた。そして、子どもの日本国籍取得を目指すこととなった。しかし、ここで、アフリカ系女性は、母国と日本の制度の違いに苦しむことになった。母国からは日本の法務局に提出が必要な書類が届くのに半年以上かかることもあった。すると、今度は日本で取得した書類が「古い」と判断され、取り直しをしなければならなかった。在留資格がない中、方々に出向いて書類の取り直しをするのはアフリカ系女性にとって大変なことだった。また、インターネットアクセスがない中、母国の法律を自分で調べて、翻訳を提出するように言われたこともあった。しかも、子どもは病弱でよく熱を出した。子どもを救いたくても、在留資格がないため働けずお金がない。子どもを病院にも連れて行けず、ドラッグストアの薬しか与えることができなかった。アフリカ系女性は母親として苦悩した。

子どもの肌を見れば、黒色と黄色が混ざっていて、アフリカ系と日本人とのハーフ（ダブル）であることに疑いの余地はない。しかし、子どもの日本国籍を取得するためには、制度の違いを乗り越えなければならなかった。一つ問題をクリアすると、また次の問題を出されるということの繰り返しだった。アフリカ系女性は、筆者の「あきらめないで」という言葉に励まされたという。4年の歳月を経て、ついに子どもの国籍を勝ち取った。アフリカ系女性も、日本人の実子を育てる母親として在留特別許可を得た。アフリカ系女性は今「情報は力だ」と力説する。自らの経験を通じ、情報が少ないために困っている同胞を、情報の力で助けていきたいという夢を持っている。

3） 小括

フィリピン人男性は一つ屋根の下で内縁関係にある日本人女性と子どもと生活をしていた。アフリカ系女性は明らかにアフリカ系と日本人のハーフ（ダブル）である子どもを養育していた。しかし、その事実だけでは、法的地位を勝ち取ることはできない。制度の障壁を乗り越えるのは決して容易ではないのだ。何度も希望を打ち砕かれながらも、あきらめない強い意思が必要である。また、その意思を励まし続ける支援者の存在も重要である。制度の障壁を乗り越えるためには必要な情報へのアクセスを確保しなければならない。

(2) 障壁を乗り越えられなかった人たち――チャーター便での一斉送還

1） 概要

制度の障壁を乗り越えた人がいる一方で、その裏側には障壁を乗り越えられなかった人も存在する。2013年7月6日、75名のフィリピン人非正規滞在者がチャーター便によってフィリピンに送還されるという事件が起きた。筆者は同年7月25日〜28日までフィリピンに赴き、10ケース12名（1ケースは家族3名での送還）の被送還者へのヒアリング調査を実施した。12名のうち半数の6名は日本に20年以上在留していたことが判明した。12名のうち、4名は内縁の妻を日本に残していた。また、12名のうち、2名は実子を日本に残していた。以下、被送還者の具体的な声に基づき、制度の障壁を考える。

2） 被送還者の声

20年以上、日本に在留していた被送還者からは「会社も私がいなくなって困っている」という発言が聞かれた。被送還者は職場において熟練した技術を身につけていた。会社にとっても得難い人材であったことは想像に難くな

い。20年以上の日本在留を経て、突然フィリピンに送還されたために「何も分からない。どこも行かない。外に出られない。生活も分からない。」という状況に置かれていた。筆者は現地滞在中に被送還者と共に記者会見をマニラ市内で行った。この被送還者はマニラ市内の会場まで「一人で来ることが怖い」と言い、親戚に伴われてやってきた。また、別の被送還者も「日本は平和な国、フィリピンは平和でない」という言葉をつぶやいていた。被送還者が日本とフィリピンを対比し、母国であるはずのフィリピンにむしろ戸惑いを感じている様子がうかがえた。

　内縁の妻や実子を日本に残してきた被送還者からは、異口同音に「家族が（日本に）いるのにどうして無理やり帰すのか」という声が聞かれた。内縁の妻は、いずれもかつて日本人と結婚をしていた。よって、永住権を持っていた。日本人配偶者と離婚するためには、日本では離婚届を出せば手続は完了する。しかし、フィリピンにおいては、そもそも離婚という概念がないために、婚姻の記録が残ったままとなってしまう。次に結婚をするためには、フィリピンにおける婚姻の記録を無効とするためにフィリピンで訴訟をする必要がある。訴訟には多額の費用がかかり手続を進めるのは容易ではない。結果、フィリピン人非正規滞在の男性とは結婚したくても結婚できず、内縁関係が続いたままになってしまう。内縁の妻には、日本国籍を有する子どもがいる。内縁の妻は子どもを日本で育てなくてはならない。したがって、家族が分断される事態となる。一度、強制送還されると５年間は日本に戻ることができない（まれに、上陸拒否期間が短縮される場合もあるが＝上陸特別許可、それは容易ではない）。

　そして、最も多くの被送還者から聞かれたのは「入管は、私を動物のように扱った」という発言であった。75名の被送還者のうち54名の男性は、入管（もしくは収容施設）からフィリピンに着陸する30分前まで手錠をはめられたままだった。被送還者は、少なからず愛着を感じていた日本を離れる際、手錠をはめられたままだったのである。手錠はトイレに行くときも、軽食が出されたときも外されることはなかった。被送還者はいずれも無抵抗であった。なぜ、このような尊厳を奪う対応がなされなくてはならないのだろうか。

　「日本政府に何か言いたいことはあるか」との問いに、ある被送還者は「気持ち広げて、こんなことやらないでください」という言葉を残した。

3）　障壁を乗り越えた者と乗り越えられなかった者を比較して
　今回、比較を試みた、障壁を乗り越えた者と乗り越えられなかった者との

間の違いは、日本人との間に血縁関係（夫婦・親子）が存在するか否かであった。そして、最終的には法的な血縁関係を結んだ者も、いくつもの障壁を乗り越える必要があった。「単純労働者」は未だ正面から受け入れられることはない。「単純労働者」が日本に残るためには、法的な血縁関係を成立させる必要がある（少数ではあるが、日本で出生した外国籍の子どもを日本で養育することも、日本在住の評価の対象とはなり得る）。「血縁」以外にも評価すべき要素があるのではないだろうか。チャーター便での被送還者の中には、会社で必要とされている者もいた。内縁の妻の日本国籍の連れ子を我が子同然に育てている者も存在した。日本社会が「気持ち広げ」ることが求められてはいないだろうか。

3. 制度の障壁を乗り越えるために──「集団支援」の必要性

これまで述べてきた「制度の障壁」を乗り越えるためには、「個別支援」から「集団支援」へと支援の有り様を変化させることが求められている。日本に残ることを求めている相談者に「日本人と結婚するようなことがあれば、可能性はあるかもしれないけれど……」と語るたびに筆者は心苦しさを感じてきた。

日本政府は正面から「単純労働者」を受け入れることには依然慎重である。技能実習生の受け入れの拡大をすることで、その場しのぎの受け入れをしようとしている。しかし、これでは問題の根本の解決にならない。理想と実態の乖離が拡大し、それは日本人住民から外国人住民に対する疑念のまなざしをも生むことにつながるかもしれない。

支援者は、個別ケースに留めず集団を支援することで制度の障壁を乗り越えなければならない。日本に残りたいと思っている外国人住民が必要としている情報を獲得できるよう支援をする必要がある。また、彼らが訴えたい思いが何であるのかを対話を重ねて見つけ出す必要がある。さらに、同じ思いを持つ外国人住民を組織化していくことが必要である。そして、彼ら自身が日本政府や日本社会に訴えかけるのを手助けしていくべきである。

「ヘイトスピーチ」が横行して久しい。「ヘイトスピーチ」は「空想上」の外国人に対して投げかけられているものであると理解している。また、きっと大多数の日本人住民は「ヘイトスピーチ」に対して違和感を覚えているはずである。外国人住民がリアリティをもって自らの存在を自ら発信すること

ができれば、きっと流れを変えることができていると信じている。そのためにも、「集団支援」が重要になってくるはずである。

　APFSは外国人住民と日本人住民の相互扶助を目的に掲げて活動を続けてきた。まさにその目的を達成することが今求められている。

[参考文献]
・厚生労働省（2015年1月30日検索）「『外国人雇用状況』の届出状況まとめ（本文）」
　　http://www.mhlw.go.jp/file/04-Houdouhappyou-11655000-Shokugyouanteikyoku
　　hakenyukiroudoutaisakubu-Gaikokujinkoyoutaisakuka/0000036117.pdf
・国土交通省（2015年1月30日検索）「第9次雇用対策基本計画（抄）」http://www.
　　mlit.go.jp/singikai/kokudosin/keikaku/lifestyle/3/shiryou3-4.pdf
・法務省入国管理局（2010）『第四次出入国管理基本計画』法務省入国管理局。
・法務省入国管理局（2015年1月30日検索）「在留特別許可に係るガイドライン」
　　http://www.moj.go.jp/content/000007321.pdf

（かとう・じょうたろう）

第6章

入管収容施設の在り方
英国の収容施設と比較して

児玉晃一

弁護士

1．はじめに

　筆者は2012年11月と2014年３月の２度にわたり、英国の収容施設を視察してきた。本稿では、まず、日本の入管収容施設の現状について概説し、続いて、英国の収容施設との比較を通じながら、収容施設のあるべき姿を提言していきたい。

2．日本の入国管理局収容施設の概要

(1) 根拠条文
　1）　入管法違反の外国人を収容する施設は、入国者収容所と、地方入国管理局に設置される収容場がある。これらの設置を根拠づける条文は、前者が出入国管理及び難民認定法（以下「入管法」という）２条15号及び法務省設置法第13条、後者が同法２条16号及び同法61条の６である。
　2）　入国者収容所
　法務省設置法13条は、入国者収容所について、１項で「入国者収容所は、本邦からの退去を強制される者を収容し、及び送還する事務をつかさどる。」と、２項で「入国者収容所の名称、位置及び内部組織は、法務省令で定める。」と定めている。同条２項を受けて、入国者収容所組織規則（平成13年１月６日法務省令第６号）が入国者収容所の名称及び位置、組織等などの規程を置いている。たとえば同規則１条によって、入定国者収容所の名称及び位置が、入国者収容所東日本入国管理センター（茨城県牛久市）、入国者収容所西

日本入国管理センター（大阪府茨木市）、入国者収容所大村入国管理センター（長崎県大村市）と定められている。

　3）収容場

　入管法61条の6は、収容場について「地方入国管理局に、収容令書の執行を受ける者を収容する収容場を設ける。」と定めている。そして、法務省設置法21条2項は、「地方入国管理局の名称、位置及び管轄区域は、政令で定める。」としており、これを受けて、法務省組織令72条が、札幌、仙台、東京、名古屋、大阪、広島、高松、福岡の各地方入国管理局の設置を定めている。これにより、8つの各地方入国管理局に収容場が設置されることになっている。

　そして、法務大臣は地方入国管理局の所掌事務を分掌させるため、所要の地に、地方入国管理局の支局を置くことができるものとされ（法務省設置法22条1項）、これを受けた法務省組織令74条及び別表第2により、東京入国管理局成田空港支局（千葉県成田市）、東京入国管理局羽田空港支局（東京都大田区）、東京入国管理局横浜支局（神奈川県横浜市）、名古屋入国管理局中部空港支局（愛知県常滑市）、大阪入国管理局関西空港支局（大阪府泉南郡田尻町）、大阪入国管理局神戸支局（兵庫県神戸市）、福岡入国管理局那覇支局（沖縄県那覇市）の各支局が設置され、これら7つの支局にも収容場が設置されている。

　かつて、広島入国管理局下関出張所及び福岡入国管理局鹿児島出張所にも収容場があったが、現在は使われていない。

　(2) **収容施設の概要**

　上記の入国者収容所、収容場のうち、最も定員が多いのは東京都港区所在の東京入国管理局収容場で、収容定員は800人である。続いて、茨城県牛久市所在の入国者収容所東日本入国管理センターと長崎県大村市所在の入国者収容所大村入国管理センターの各700人、愛知県名古屋市所在の名古屋入国管理局収容場の400人、大阪府茨木市所在の入国者収容所西日本入国管理センターの300人、大阪府大阪市所在の大阪入国管理局収容場及び神奈川県横浜市所在の東京入国管理局横浜支局収容場が各200人である。

　超過滞在者の減少に伴い、近年、被収容者の数は減少の一途を辿っている。[1]

---

[1]　法務省2015年1月14日現在　法務省出入国管理統計統計表　http://www.moj.go.jp/housei/toukei/toukei_ichiran_nyukan.html。同統計ではその他の収容場も含めた、被収容者の入退所数、年間延べ人数等がわかる。

上記の主要7収容施設における年末の被収容者数をまとめたものが、以下の表である。

主要7収容施設の被収容者数

	2009年	2010年		2011年		2012年		2013年	
	人数	人数	前年比	人数	前年比	人数	前年比	人数	前年比
全収容施設	1621人	1119人	-44.9%	1026人	-9.1%	1028人	0.2%	914人	-12.5%
東京入管	613人	428人	-43.2%	374人	-14.4%	338人	-10.7%	297人	-13.8%
東京入管横浜支局	124人	28人	-342.9%	42人	33.3%	44人	4.5%	38人	-15.8%
名古屋入管	160人	135人	-18.5%	131人	-3.1%	93人	-40.9%	136人	31.6%
大阪入管	46人	36人	-27.8%	74人	51.4%	55人	-34.5%	51人	-7.8%
東日本	505人	375人	-34.7%	313人	-19.8%	376人	16.8%	308人	-22.1%
西日本	129人	80人	-61.3%	60人	-33.3%	84人	28.6%	52人	-61.5%
大村	15人	22人	31.8%	20人	-10.0%	19人	-5.3%	26人	26.9%

3．収容施設の在り方～英国と比較して

以下では、日本の収容施設における処遇について、各項目ごとに英国の収容施設と対比をしていく。なお、英国の入管収容施設は全国で11か所あるが、筆者は2012年にHammondsworthを、2014年にBrook House及びTinsley Houseを視察した。以下で英国の収容施設の処遇として記述している内容は、特記しない限り、この3か所共通のものである。

(1) 処遇に関する法令
1) 日本

日本の入管法には、処遇に関する規定は61条の7、1箇条しか存在しない。同条1項は「入国者収容所又は収容場（以下「入国者収容所等」という）に収容されている者（以下「被収容者」という）には、入国者収容所等の保安上支障がない範囲内においてできる限りの自由が与えられなければならない。」と定め、2項で寝具の貸与及び糧食の給与、3項で給養及び施設の衛生、4項で所持品・衣服の検査や領置、5項で通信の検閲等を定めているのみである。法律の規定が、刑事収容施設における被収容者の定めに秘して、極端に少ないとの指摘もある（東澤 2014：54頁）。それ以外の処遇に関する定めは、同条6項により制定を委任されている、全45か条から成る被収容者処遇規則

（昭和56年11月10日法務省令第59号）や、各収容所長等が定める収容施設ごとの細則（被収容者処遇規則45条で細かな定めを置くことの委任がされている）がある。

2） 英国

他方、英国では1999年移民法153条が、国務大臣に対し、入管施設の規則の制定を義務づけた。これを受けて、2001年1月29日、The Detention Centre Rules 2001が制定され、同年4月2日から施行されている。これらの規則は、上陸を拒否されて収容された者についても適用される（1999年法147条の定義規定参照。「イングランドの入管収容施設及び制度の現状と課題」研究会2015：17頁、入管問題調査会2012：103頁）。

英国のThe Detention Rules 2001も、3条で「収容施設は、安全でありながらかつ人道的な設備を被収容者に提供することを目的とする。その設備は、できる限りの移動と交流の自由を確保できる、リラックスしたもので、安全・安泰な環境が保たれ、被収容者が最も生産的な方法で時間を過ごすことができるよう促進するものであり、特に、被収容者の品位と個々の表現の自由を尊重するものでなくてはならない。被収容者が感じやすい特有の心配と過敏さをよく理解する必要がある。特に、それが文化的な相違に基づくときは、なおさらである。」と、その収容の目的を定めている。

条文だけを読むと、日本の入管法61条の7第1項も同じような趣旨に取れるが、実態は大いに異なる。英国の収容施設は、The Detention Rules 2001の3条が求める、可能な限りの自由を被収容者に保障するという要請を実現するべく、様々な配慮がされているが、日本の収容施設は条文に掲げた理念とはほど遠い実情となっている。

(2) 外部交通

1） 電話

日本の収容施設では、居室の外に、1日のうち一定時間利用できる共有スペースがあり、そこに公衆電話が設置されている。被収容者は、国際テレフォンカードを購入して、これを利用して外部に電話をすることができる。しかし、共有スペースを利用できない夜間には電話ができないし、折り返しの電話を受けることもできない。

これに対し、英国の収容施設では、各人が携帯電話を利用することが可能である。携帯電話は収容施設が無償で貸与してくれる。通話料金を負担できない者については、時間、回数の制限はあるものの、無料通話も可能である。

電話やパソコンが自由に使える——英国の収容施設（2013年5月撮影）

したがって、外部への折り返し電話も可能である。また、利用時間の制限もないので、時差のある出身国への通話も自由にできる。

2）面会

　日本の収容施設では面会時間が限定されている。施設によって対応はまちまちであるが、例えば東京入国管理局では午後3時に受付が終了してしまう。面会できるのは、平日のみであり、土日祝日及び年末年始は面会できない。面会時間も、混雑具合によるが、15分から30分程度に制限されるのが一般的である。そのため、平日に仕事や学業のある面会者は、これらを休んで来ざるをえない。また、入国者収容所東日本入国管理センターの最寄り駅である牛久駅までは東京都内からでも電車で1時間近くかかる。そして同駅からセンターまでは約10キロメートルの距離がある。同センター近くに公共バスの停留所はあるが、日中は数時間に1本しか運行していない。タクシーを利用すると往復で6000円近くかかるため、経済的な問題を抱えている面会者にとっては、交通費の負担も面会が困難になる要因となっている。そして、面会できるのは基本的にアクリルの遮蔽板越しである。[*2]

＊2　入国者収容所東日本入国管理センターでは、小学生以下の子どもがいる場合には、子のスキンシップができるように、仕切りのない面会室の利用が許可される場合もある。

これに対して、英国の収容施設では、面会は365日可能であり、時間帯は14時から21時までである。平日仕事や学校が終わってからも面会が可能である。この時間帯の中であれば、時間の制限はない。面会スペースは、大きなロビーのようなところにテーブルと椅子を置き、そこで談笑したり、飲み物を飲んだりもできる。仕切りはないので、スキンシップも可能である。Hammondsworthでは、面会スペースの一角にチャイルド・スペースも設けてあり、玩具も置いてあった。他人に聞かれたくない話をしたいときには、個室の利用も可能である。Brook HouseとTinsley Houseでは、最寄り駅からシャトルバスが運行しており、面会者はそれを無料で利用することができる。

　3）　パソコンの利用及びインターネット

　日本の収容施設には、被収容者が利用できるパソコンは設置されておらず、居室内への持込もできない。

　これに対して、英国の収容施設では、被収容者が自由に利用できるパソコンが共有スペースやパソコンルームに多数設置されており、無料で使用できる。インターネットにも接続しているので、自らのアドレスを利用して、外部の者とE-mailの送受信が自由にできる。添付ファイルも利用可能である。また、難民申請者は自ら出身国情報などの証拠を、インターネットを利用して収集することも可能である。強制送還を命じられた者は、送還先の国の情報を得ることもできるので、帰国時の心構えをすることもできる。プリントアウトも無料で可能である。

(3)　医療

　1）　規定

　医療に関して日本の被収容者処遇規則が、「衛生」(29条)、「傷病者の措置」(30条)、「伝染病等に対する予防措置」(31条)、「伝染病患者等に対する措置」(32条)とわずか4条のみしか規定しておらず、医師の常駐すら義務づけていないのに対し、英国のDetention Centre Rules 2001は、次のようなきめ細かな規定を置いている（「イングランドの入管収容施設及び制度の現状と課題」研究会：22頁、入管問題調査会：118頁）。

　①全ての収容施設には、一般開業医として必要な研修を受け、Medical Act 1983（医療法）上の登録をされた医師を配置する（収容施設規則33条 (1)）。

　②全ての収容施設には、医師をメンバーの一人とする医療対策チームを置く。このチームは、被収容者の身体的・精神的な健康をケアすることを目的

とする（同 (2))。

③被収容者が医師の診察を希望したときには、移民官はその旨を全て記録にとどめ、かつ、直ちに医師もしくは看護婦にその旨を伝えなくてはならない（同 (5))。

④医師は、その裁量で、他の医師に相談をすることができる（同 (6))。

⑤全ての被収容者は、次の各場合に、収容施設内の医師及びその医師が相談をした医師以外の、登録された医師もしくは歯科医に診察をしてもらうよう、要求することができる（同 (7))。

（ア）被収容者が費用を支払うとき

（イ）施設の管理者がその要求に合理的な理由があると判断したとき

（ウ）その診察申出が、収容施設の医師と相談した結果であるとき

⑥全ての被収容者は、希望があれば、同性の医師による検査を受けることができる（同 (9))。

⑦全ての被収容者は、収容施設に入所後24時間以内に、医師による肉体的・精神的検査を受けることができる（収容施設規則34条 (1))。ただし、被収容者がこれに同意しないときは、その限りではない（同 (2))。その場合でも、被収容者の希望があればその後いつでも検査を受けられる（同 (3))。

⑧医師は、施設管理者に対して、被収容者が収容の継続もしくは収容の環境によって健康を害されようとしているときには、その旨を報告しなくてはならない（収容施設規則35条）。

2）実態

日本の収容施設では、医療体制の不備は度々入国者収容所等視察委員会（以下「視察委員会」）からも指摘を受けている。[3][4]主要施設における常勤医師の不足は刑事施設同様に抱え得る慢性的な問題であり、医師と被収容者の意思疎通の向上や外部医療機関との連携強化等の必要性は視察委員会からも度々指摘を受けている（東澤 2014：56頁）。

---

*3　法務省のWebサイトで視察委員会の意見概要及びこれに対する措置概要が公表されている。法務省　2015/1/20現在　http://www.moj.go.jp/ 。

　過去分は「トップページ＞広報・報道・大臣会見＞プレスリリース＞過去のプレスリリース＞」から客年のプレスリリースに進み、「入国者収容所等視察委員会の活動状況について」のページからPDFファイルのダウンロードができる。

*4　2010年〜2012年の視察委員会の意見及びこれに対する措置内容をとりまとめたものとして、東京弁護士会外国人の権利に関する委員会作成2014年3月4日付け「入国者収容所等視察制度に関する分析報告書」があるが、本稿執筆時点で一般には未公開である。

また、被収容者への継続的な面会支援を続けている山村淳平医師は、この他、言語対応の不備、過剰投薬、緊急時の対応不備、定期検査の未実施、外部病院での診察を受けるのが困難であることを指摘している（壁の涙製作実行委員会：109頁）。

　そして、2014年には、3月に入国者収容所東日本入国管理センターにおいて2件、11月に東京入国管理局収容場で1件、医療体制の不備が原因と思われる被収容者の死亡事件が起きており、日本弁護士連合会や関東弁護士会連合会、東京弁護士会などの弁護士会が立て続けに会長声明等を表明し、徹底的な原因究明と再発防止策をとることを求めている[*5]。

　これに対して、英国の収容施設では、上記の規則が存在するほか、同規則が遵守されるかどうかをチェックする視察委員会の視察・勧告システムが機能している。

　Hammondsworthの収容施設では、土日も含めて毎日医師が収容施設を訪問している。医師が必要な場合には、24時間対応が可能であり、急病人が出た場合には電話対応もする。通訳が必要な場合には、外部の通訳会社を利用している。医療費は国家負担である（「イングランドの入管収容施設及び制度の現状と課題」研究会：36頁）。

(4) 収容施設内の活動

＊5　以下、2014年11月22日の死亡事件に関する会長声明等を発表された順に記す。いずれも2014年1月29日に確認したものである。

　東京弁護士会　2014年12月4日、
　　http://www.toben.or.jp/message/seimei/post-381.html
　長野県弁護士会　2014年12月17日、
　　http://nagaben.jp/index.php?id=101
　茨城県弁護士会　2014年12月22日、
　　http://www.ibaben.or.jp/100/120/
　関東弁護士会連合会　2014年12月25日、
　　http://www.kanto-ba.org/declaration/detail/h26a3.html
　日本弁護士連合会　2015年1月14日、
　　http://www.nichibenren.or.jp/activity/document/statement/year/2015/150114.html
　千葉県弁護士会　2015年1月22日、
　　http://www.chiba-ben.or.jp/wp-content/uploads/2015/01/4ef44f31f257ea02eaf5b78fe898dcf2.pdf
　群馬弁護士会　2015年1月26日、
　　http://www.gunben.or.jp/20150408.pdf

1） 日本の収容施設

前記のとおり、日本の入管法61条の7第1項は、「入国者収容所又は収容場（以下「入国者収容所等」という）に収容されている者（以下「被収容者」という）には、入国者収容所等の保安上支障がない範囲内においてできる限りの自由が与えられなければならない。」と定めているが、被収容者の活動内容について具体的にどのようなことが出来るかについて、被収容者処遇規則は運動（同28条）、面会（同33条・34条）、物品の購入（同35条）、物品の授与及び送付（同36条）通信文の発受（同37条）を定めるのみである。

2） 英国の収容施設

これに対して、英国のDetention Centre Rules 2001では、17条(1)で、「全ての被収容者は、可能な限り、リクリエーションや、知的好奇心を満足させる行動、退屈を紛らわせる活動に参加できる機会を与えられなくてはならない。」との一般論が述べられ、労働、教育、スポーツ、図書館の使用、面会や電話の使用などの収容施設内での活動について、きめ細かな規定が置かれている（同17条から31条。「イングランドの入管収容施設及び制度の現状と課題」研究会：19頁、入管問題調査会：114頁）。

そして、実際にHammondsworthの収容施設には、ダンベル・バーベルなどが自由に使えるトレーニング・ルーム、エレキギター、ベースやドラムなどが設置された音楽室、多言語対応した図書館、英会話教室、パソコン教室、美術室があった（「イングランドの入管収容施設及び制度の現状と課題」研究会：32頁）。希望者は有償で仕事をすることもできた（「イングランドの入管収容施設及び制度の現状と課題」研究会 2014：39頁）。

(5) 被収容者と施設側のコミュニケーション

日本の入管収容施設では、「所長等は、被収容者からの処遇に関する意見の聴取、収容所の巡視その他の措置を講じて、被収容者の処遇の適正を期するものとする。」（被収容者処遇規則2条の2）とあるが、意見聴取の方法は、被収容者が収容施設に設置された意見箱に意見を文書で投函できるだけであり、直接対話の機会は制度的に保障されていない。

他方、英国のDetention Centre Rules 2001では、被収容者が口頭もしくは書面で要求や苦情を申し立てることができるとしている。[6]

＊6 The National Archives 2015年1月21日 現在、http://www.legislation.gov.uk/uksi/2001/238/pdfs/uksi_20010238_en.pdf

そして、Hammondsworthの収容施設では、ユニット毎に被収容者の代表、施設管理主体のマネージャー、英国国境庁の職員とで週１度のミーティングを、収容施設全体で月1回のミーティングの機会を設け、処遇に関する不満を吸い上げている。さらに、被収容者の一人ひとりに担当者が決められ、最低週１回は個別面談を行っている（「イングランドの入管収容施設及び制度の現状と課題」研究会 2014：28頁、40頁）。

(6) 小括
以上のとおり、日本の収容施設も、英国の収容施設も、総論で、被収容者に可能な限りの自由を認めるという趣旨の規定を置きながら、実態はあまりにかけ離れている。日本の収容施設も、英国を見習い、「入国者収容所等の保安上支障がない範囲内においてできる限りの自由が与えられなければならない。」とする入管法61条の７第１項の文面が空文化しないように、処遇の改善を図るべきである。

4．収容施設視察委員会

では、どのようにすれば、日本の収容施設は英国のそれに近づけられるのか。英国では、独立した視察委員会による徹底した調査と勧告、そしてそのフォローアップが収容施設の処遇改善の大きな一因となっているのは間違いない。そこで、最後に、英国の収容施設視察制度について概観し、続いて日本の入国者収容所等視察委員会の概要とその問題点について述べることとする。

(1) 英国の視察制度
英国の視察制度は、①専門家集団からなる「刑事施設視察委員会」（Her Majesty's Inspector of Prisons for England and Wales．以下「HMIP」という）、②地元の人々を中心として「訪問者委員会（独立監視委員会）、③「不服申立て機関」（いわゆるオンブズマン）がある（新津：71頁）。

HMIPは1982年に設立した独立機関である（新津：71頁）。英国では、1835年に刑務所に対する視察官による視察が始まった。しかし、視点が施設寄りで独立性が不足し、適正に機能していないとの批判が1970年代の度重なる刑務所暴動により高まった。そして、1982年にHMIPが設立されるに至った（新

津:73頁)。

　視察にあたっては、Expectationsと題する視察基準が用いられる。[*7]

　効果的な収容施設の視察を行うための鍵として、HMIPの副主席視察官マーティン・ロモス氏は、①独立性と公平性の強力さ、②国際人権基準に則った形式の独立した視察基準、③全く束縛されず、非事前通知の形式も含み、どこにでも入れ、誰とでも話せる環境、④被収容者の声を聞く方法論の確立、⑤事実の公表が束縛されずに可能なことを上げている(新津:74頁)。

　2013~2014年度の総支出額は約470万ポンド(約8億1600万円。1ポンド=177円換算)であり、その8割以上が人件費に費やされた。[*8] HMIP首席視察官の年間報酬は公表されており、11万5000ポンド(約1610万円)である(「イングランドの入管収容施設及び制度の現状と課題」研究会 2014:46頁)。

(2) 日本の入国者収容所等視察委員会

　これに対して、日本の入国者収容所等視察委員会の歴史は浅く、2009年の法改正で設置されることとなり、実際の活動は2010年からである。

　入国者収容所等視察委員会の財源は、法務省の予算の一部であり、事務は入国管理局総務課において処理されている(東澤 2014:61頁)。また、東澤2014:62頁は、その資源と権限についても問題があることを指摘している。

　2015(平成27)年度の概算要求は、右表のとおりであり、合計872万9000円である。[*9] 担当事務を法務省職員が行っていることから、その人件費は含まれていないが、それにしても、英国との規模の違いは歴然としている。

委員手当	¥4,788,000
諸謝金(通訳・翻訳)	¥1,351,000
委員等旅費	¥2,590,000
合計	¥8,729,000

　委員の待遇については、2014年6月7日の参議院法務委員会において、政府参考人の榊原一夫氏(当時の法務省入国管理局長)は、糸数慶子議員の質問に対し、委員一人当たり平均で約15万円を支給しているに過ぎないことを回

---

　* 7　英国法務省　2015年1月21日現在、 https://www.justice.gov.uk/downloads/about/hmipris/immigration-expectations.pdf
　　　日本語訳は「イングランドの入管収容施設及び制度の現状と課題」研究会:79頁。

　* 8　HMIP　2015年1月23日現在、 http://www.justiceinspectorates.gov.uk/hmiprisons/wp-content/uploads/sites/4/2014/10/HMIP-AR_2013-14.pdf
　* 9　法務省　2015年1月22日現在、http://www.moj.go.jp/content/001127041.pdf　162頁。

答している。

　日本の入国者収容所等視察委員会は、ロモス氏が効果的な視察を行うための鍵として上げた5つの要素のいずれをも備えておらず、現状では効果的な視察が行われているとは言いがたい。

5．おわりに

　榊原入国管理局長は、前掲の参議院法務委員会で、「英国の文書で求められているような施設の備えるべき基準につきましては、我が国にも当てはまるものと思いますので、それらをも適宜参考にしながら収容施設における処遇の在り方を検討してまいりたいと考えております。」と答弁している。日本版エクスペクテイションズの策定をすることが望まれるが、それだけではなく、英国の視察制度を手本とした、効果的な視察制度を構築するための抜本的な改革が必要である。それが、あるべき収容施設の処遇をもたらす最も有効な手段となることであろう。

［参考文献］
・東澤靖 2014「出入国管理手続きにおける収容と視察委員会——人権基準と政策から見た課題」明治大学法科大学院ローレビュー第20号。
・「イングランドの入管収容施設及び制度の現状と課題」研究会（2014）「英国視察結果報告書　https://www.jlf.or.jp/work/pdf/201312_eikokushisatsu_houkoku.pdf（法務研究財団　2015年1月14日現在）。
・入管問題調査会 2012『入管収容施設——スウェーデン、オーストリア、連合王国、そして日本』現代人文社。
・壁の涙製作実行委員会 2007「壁の涙—法務省『外国人収容所』の実態」現代企画室。
・新津久美子 2012「入国者収容所等視察委員会制度　イギリス、およびフランスにおける制度運用の実際」移民政策研究第4号。

（こだま・こういち）

第7章

移民と日本の社会福祉制度

南野奈津子
昭和女子大学人間社会学部専任講師

1. 移民と社会福祉制度

　欧米諸国では、国による差異はあるものの、移民・難民は社会的に弱い立場にある存在として位置付けられ、人権を守るための法制度が存在する。しかし、日本における移民や外国人に対する環境は、他国と同じではない。

　日本は、1981年の「難民の地位に関する条約」の批准により、適法滞在の外国人に対する国籍条項を撤廃した。その結果、社会保障関連の法律は日本国民以外の住民に対しても、制度を適用できるよう改正された。それにもかかわらず、多くの移民が様々な福祉問題に直面している。

　平成25年度の生活保護受給者に占める外国人世帯数は月別平均では45,855世帯（厚生労働省 2015a）、母子生活支援施設の新規入所者のうち約11％は外国人であり（厚生労働省 2015b）、いずれも日本人の構成比よりも高い。外国人家族は、もともと日本に存在する貧困・格差問題や児童虐待等の問題も経験する。そして、言葉の壁や地域からの排除、移民がおかれる厳しい労働構造などが福祉問題へのリスクを高める（三本松 2011）。

　法律や社会福祉制度が整備されていることは、移民が人権を保障されつつ生活を営むための大前提である。だが、それだけでは十分ではない。すべての移民が、法律や制度を利用するだけの十分な知識を持つ人ばかりではない。来日年数が短く、生活で必要となる制度について知識を持たない人もいれば、日本語理解が困難ゆえに、福祉サービスを利用するための手続きができない人もいる。そうした人のために、通訳や民間の相談機関など、社会福祉制度の利用を支援する制度、そして彼らを対応する力量をもつ人材が存在して初めて、社会福祉制度が意味を持つのである。

日本は、難民条約批准後に制度の整備を行ったが、受け入れに関与する人々や地域が、個々の移民の生活背景を十分に理解したり、利用できる社会福祉制度や社会資源を把握したうえで移民を支える役割を十分に担えているとはいえない。歴史的には、社会福祉制度が適用されない外国人、あるいは社会福祉制度の対象者であるにも関わらず、その恩恵を十分に受けることができていない人々に対しては、地域のNPOやボランティアが支援を行ってきた。近年は、自治体等でも多文化ソーシャルワーカー育成講座といった人材育成の動きが徐々に活発化している。しかし、人材養成、研究や実践者養成も含め、移民を受け入れる社会体制の整備はまだ発展途上である。

　なお、以下の文では法律や当該分野での呼称に応じて「移民」「滞日外国人」等を使用する。

2．移民が直面する福祉問題

　移民が経験する福祉問題は多岐にわたる。まず医療では、在留資格の期限が切れたために非正規滞在（オーバーステイ）となり、病気や怪我に直面した時に医療費が払えず重症化するケース、劣悪な労働環境で働く中で災害に遭っても医療費が払えないといったケースがある。また、文化的習慣の違いに配慮した制度や対応が行われない、通訳の不在ゆえに治療方針の説明やインフォームド・コンセントにうまく対処できないといった問題が、福祉制度を利用するためのプロセスに支障をきたすこともある。精神疾患の診断や服薬への拒否感があるゆえに、継続的な治療につながらない、自国語での面接ができないために診断や心理治療が難しいといったこと等も生じる。医療に関わる福祉制度の利用が困難となると、ＨＩＶ患者が抱える障害の治療費や障害者手帳取得など、継続的な治療を要する場合には、より問題は深刻である。

　子どもをもつ家族は、様々な社会福祉制度やサービスを利用しながら子育てを行うことになる。母親が外国人の場合、育児困難を経験した時に、地域の子育て支援制度や関連福祉サービスの活用ができないことがある。また、親が日本語習得に課題を抱えていることで、親の役割を果たすことが困難となったり、子どもがうまく学校に適応できず、不就学や学業不振となったりすることもある。さらに、子どもの健康や発達に課題があっても、障害児福祉制度等について親が十分に理解できず、必要な社会福祉制度にたどり着く

ことが困難になることもある。これらのほか、児童虐待やドメスティックバイオレンスといった家族内での問題に対する支援も、外国人の場合なかなかサービスにつながらないことが指摘されている。

高齢者分野では、高齢の在日朝鮮・韓国人への介護支援が求められているほか、労働分野においては、給料の未払いや搾取、長時間労働、労災の不適用、不当な解雇といった問題に関する相談が支援機関に寄せられている。労働の問題は、移民の生活費や健康の問題とも直結するため、生活全体に対する福祉制度の活用が求められてくる。

ここで留意すべきは、すべての移民が一様に生活問題を抱えるわけではなく、背景により抱える問題が異なることである。戦前から日本で生活している、主に韓国、朝鮮、中国籍の「オールドカマー」と、主に1990年以降に来日した「ニューカマー」とでは、抱える生活背景や問題は全く違う。社会福祉制度の活用を検討する際、個々の背景や文化の違いを踏まえることが求められる。

3. 移民に対する社会福祉制度の運用の実情

(1) 公的社会保障制度
1）生活保護

生活保護は、昭和21 (1946) 年に生活保護法が施行された時点では国籍条項がなく、外国人も対象となっていた。しかし、昭和25 (1950) 年施行の生活保護法で対象を国民としたため、外国人は対象外となった。昭和29 (1954) 年に厚生省（現厚生労働省）は、「外国人は法の対象とはならないが、当分の間、生活に困窮する外国人に対しては一般国民に対する生活保護の決定実施の取扱に準じて保護を行う」（保護の準用）として（社発第382号厚生省社会局長通知）以降、外国人は行政措置として受給対象という位置づけになっている。例えば父親は外国人だが母親と子どもは日本人であるといったケースの場合は、世帯分離により日本国籍の子どものみ受給というケースもある。外国人の受給世帯数は増加の一途を辿っており（図1〔次頁〕）、国籍別では韓国、そして世帯形態別では高齢者、そして母子世帯の割合が高い（図2、図3〔次頁〕）（厚生労働省 2015a）。近年は、国の財政を生活保護費が圧迫しており、全般的に生活保護を削減する傾向は否めない。

2）年金

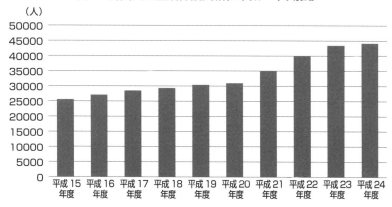

図1 外国人の生活保護受給世帯数：年次推移

図2 外国人の生活保護受給世帯数：世帯主国籍

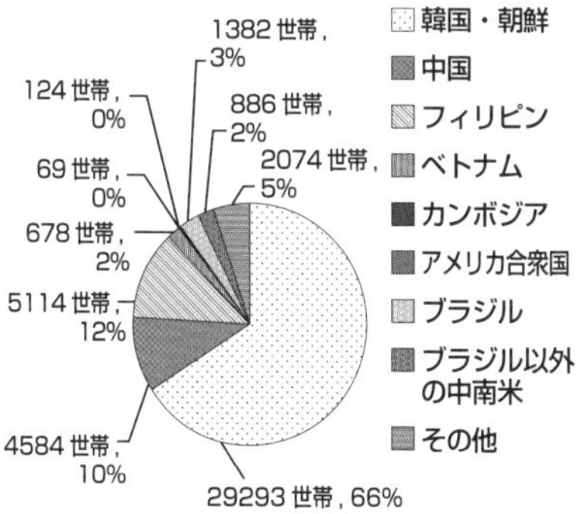

図3 外国人の生活保護受給世帯数：世帯類型別

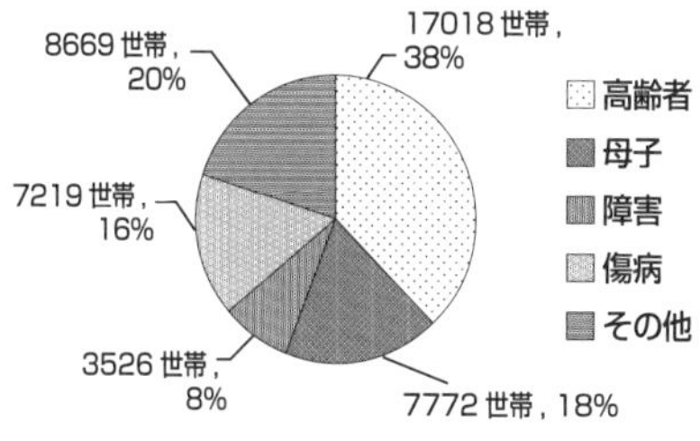

図1-3 出典：厚生労働省 平成24年度 被世帯調査をもとに筆者作成

　移民も日本人と同様、国民年金の加入義務がある。途中で帰国するなどの理由で、年金を受け取ることができない場合は、加入期間が6か月以上で、かつ帰国後2年以内に請求すれば、一時脱退金として納入した年金が一部返還される。

　事業所は、法律により基本的に従業員を厚生年金に加入させなくてはならず、その義務は外国人に対しても同様である。ただ、移民にとって加入のハードルとなるのが、健康保険と厚生年金保険はセットで加入するシステムになっていることである。年金を受け取る年齢になるまで日本で生活してい

るという見通しを立てることが難しい人は、加入に消極的になる。その結果、健康保険及び厚生年金に加入しないまま働くケースも存在する。

日本は、平成25（2013）年の時点で15か国（ドイツ、イギリス、韓国、アメリカ、ベルギー、フランス、カナダ、オーストラリア、オランダ、チェコ、スペイン、アイルランド、ブラジル、スイス、ハンガリー）との間に「社会保障協定」を締結している。これらの国の出身者は、厚生年金や健康保険、労災保険、雇用保険などを日本で加入しないことが可能で、二重加入や掛け捨てをせずに済むようになっている。

昭和34（1959）年の国民年金制度の開始以降、多くの滞日外国人は長年、制度の対象外となっていた。昭和57（1982）年の難民条約・議定書の発効により国民年金法から国籍要件が撤廃され、国籍を問わず国民年金の加入が可能となった。しかし、滞日外国人で当時20歳以上、かつ昭和57（1982）年の時点で既に障害があった者（現在49歳以上）、昭和61（1986）年の国民年金法改正時に60歳以上であった高齢者（現在85歳以上）は、制度上対象外となった。これらの人々は、年金という所得補償がされないなかで障害を抱え、あるいは85歳以上の高齢者となり、苦しい生活を強いられており、生活保護の受給にもつながっている。「外国人高齢者福祉給付金」「外国人心身障害給付金」等、名称は違うが多くの自治体で制度上の無年金障害者、高齢者への給付金制度を持つ。しかし、金額は1万円前後の自治体が多く、国民年金に比較しても少額である。

3） 保険

国民健康保険は、外国人も加入義務がある。生活保護を受給している場合は適用除外となる。健康保険について、法律により、事業所は基本的に従業員を健康保険に加入させなくてはならず、その義務履行は外国人に対しても同様である。ただし、従業員5人未満の法定適用業種及び、農業、牧畜、水産、漁業、サービス業、宗教などの事業所は任意適用ゆえに、加入できないこともある。

4） 保健・障害に関連する諸制度

母子保健に関連する制度としては、母子健康手帳の交付、定期健康診査、予防接種、入院助産などがある。在留資格に関わらず母子健康手帳は入手可能で、外国語版を発行している自治体もある。入院助産は出産費用をまかなえない場合に指定医療機関にて助産（出産）をうけるものであり、国籍・在留資格は関係なく利用可能である。

疾病や障害を抱えた場合には、様々な社会福祉制度を利用することになる。身体障害者手帳、療育手帳（知的障害者を対象とした手帳）、精神障害者保健福祉手帳は、共に国籍、在留資格の要件はない。申請書、指定医師の診断書、写真、印鑑、世帯の状況がわかる所定の書類を、行政窓口の障害福祉課に持参する。後述する更生医療を利用するためには、手帳の取得が必要となるため、ＨＩＶ患者が治療を受けるといったケースでは手帳取得は重要である。
　心身の障害の除去や軽減のための医療にかかる費用のうち自己負担額を軽減する公費負担医療制度が、自立支援医療である。自立支援医療には、精神通院医療（通院による医療を継続的に要する精神疾患を有する者への医療）、更生医療（身体障害の除去や軽減に関わる手術等の治療を受けることで改善が期待できる18歳以上の者への医療）、育成医療（身体障害を有しており、その障害を除去・軽減する手術等の治療に必要な医療を受けることで障害の軽減や改善が期待できる18歳未満の者への医療）の給付である。自立支援医療は、在留資格は要件ではないが、申請には身体障害者手帳の取得、そして、身体障害者手帳の取得の際には医師の診断書が必要である。診断書を取得するためには、基本的には健康保険加入の状態で病院に行くことが想定される。その意味で、健康保険に未加入の場合、申請は困難になりうる。養育医療は未熟児（体重2000ｇ以下、あるいは運動不安、体温、消化器系の異常や黄疸などが見られる状態）に適用される医療給付である。在留資格に関わらず適用されるが、在留カードの提出が求められるため、申請への壁があるのも事実ではある。

　5）　労働災害
　労働災害（労災）に関する制度は、国籍問わず在留資格がなくても適用される。しかし、届出が必要になる状況が生じても、積極的に対応したがらない事業主も少なくない。その結果、労災が適用されないこともあり、問題となっている。「治療が必要になったのをきっかけに解雇されて生活苦に陥った」「職を失ったのでお金がなく、病院に行けない」「雇用主に給料を払ってもらえない」「労災を適用してもらえない」など、労働問題と生活や医療の問題との関連は深い。厚生労働省によると平成25年（2013年）10月末現在、外国人労働者数は約72万人で、毎年増加している。労働者派遣・請負事業を行っている事業所に就労している外国人労働者数は170,387人で、外国人労働者全体の23.7％を占め、製造業は外国人労働者数全体の36.6％を占める。日本は、平成20（2008）年に日本・インドネシア経済連携協定及び日本・フィリピン経済連携協定を結び、フィリピン人やインドネシア人の看護

師・介護福祉士候補者を受入れている。労働者の多国籍化は今後も続くことが見込まれる。しかし、日本における彼らに対する労働環境が厳しい面が多いことが指摘されている。

独立行政法人・労働政策研究・研修機構（JILPT）による日系人労働者の就労実態調査「世界同時不況後の産業と人材の活用に関する調査（事業所調査）」及び「外国人労働者の働き方に関する調査（2011）によると、公的年金に未加入の者が4割以上で、健康保険については6割以上の者が加入しているが約1割の者は未加入となっている。このように、制度の支えがない環境で就労している移民は少なくない。

労働基準法第3条では「使用者は労働者の国籍、信条又は社会的身分を理由として賃金、労働時間その他の労働条件について差別的取り扱いをしてはならない」と規定している。厚生労働省は、「外国人労働者の雇用・労働条件に関する指針」において、労働や社会保険関係法令の遵守、外国人労働者が適切な労働条件及び安全衛生の下、在留資格の範囲内で能力を発揮しつつ就労できるための措置の実施、労働条件や安全の確保、雇用保険、労災保険、健康保険及び厚生年金保険の適用、適切な人事管理などを、事業主の努力として求めている。

6） 社会福祉制度を補完する制度・サービス

上記のような社会福祉制度の他にも、あまり一般には知られていない法律や制度で、移民が利用可能なものがある。その一つが、「行旅病人及び行旅死亡人取扱法（明治32〔1899〕年成立）である。この法律の対象は、いわゆる行き倒れ（住所不定、無職、引き取ってくれる人がいない）の人で、こうした人が医療を要するときに自治体が調査の上で医療を提供する。入院のみが対象であり、定住所がある人には法解釈上適用はできないともいえるため、外国人登録をしている場合は困難と解釈できる。また、自治体の予算措置なので自治体により運用状態に差がある。

「特別診療券（無料低額診療事業）」は社会福祉法上に規定されている制度で、生計困難な人が「無料低額診療事業」を実施している医療機関において「特別診療券」交付を受ける。そして、生活保護水準の所得の場合は無料、それ以外の場合も一定の基準に従い低額で医療を受けることができる。厚生労働省は対象者の例として「低所得者」「要保護者」「ホームレス」「ドメスティックバイオレンス（DV）被害者」「人身取引被害者」などと位置づけている。認可を受けた医療機関が非常に少ない都道府県もあるなど、地域差がある。

実施機関一覧は市区町村のホームページに掲載されていることが多い。

4．社会福祉制度の利用をめぐる課題

　移民に対する社会福祉制度の適用は、確かに日本人と同様の状態とはいえない。また、移民がオーバーステイの状態となった場合は、移民自身が支援を求めて声をあげることは難しく、より生活は困難な状況となる。だが一方で、社会福祉制度の対象になる状態にあってもなお、社会福祉制度の利用につながらない人も多い。なぜそのようなことが起きるのか。
　まず1点目には、社会福祉制度までのアクセスが整っていないことである。申請を行うためのしかるべき部署にたどり着くまでの方法に関する情報が多言語で用意されていない、あるいは母語で対応できる曜日が記載されていないなどのケースがある。2点目として、移民が日本の保険制度や社会保障制度自体の概念を理解していないことも、多く見られる。例えば、自国に母子健康手帳、あるいは似たような制度が存在していれば、妊娠したら自治体に申請する、という発想は起きやすい。しかし、母国で同様の制度が整備されていない場合、制度があるという発想や、用語の理解が困難になることも起きる。
　3点目として、移民が抱える心理的な不安である。例えば、ある社会福祉制度を利用する上で、一定額を減免されたとしても多少の費用が発生する場合、「自国ではその支払額で残してきた子どもの学費が十分払える、だから自分は我慢して仕送りしよう」、ということも生じる。日本人にとっては月々保険料を支払い、利用の際に3割の自己負担する保険制度は、特に違和感はないが、移民にしてみれば同じように捉えているわけではないこともある。また、在留資格に関して不利益にならないか、という不安を持つ人もいる。さらに、「福祉制度を利用するのは恥ずかしい」「親としてこうしたことは口を出すべきではない」という価値観、精神医療や服薬に対する抵抗をもつ人もいる。制度への抵抗はなくとも、「ひどい夫ではあるけれども自分を金銭的には養ってくれた人でもあるから……」「離婚そのものが自分の国の文化では否定されているから……」といった抵抗感が、ＤＶ被害者支援のための相談窓口に行くことを妨げることもある。こうしたことも、社会福祉制度の利用に関連する課題となる。
　このような、不安定な生活基盤、そして母国の文化や制度の違いからくる

心理的不安を抱えやすい移民への支援においては、個々に応じて様々な社会福祉制度やサービスを組み合わせながら支援することが求められる。例えば、医療の例では「外国人未払医療費補てん事業」、「外国人緊急医療費救済制度」がある。外国人未払医療費補てん事業とは、自治体の医療機関で生じた医療費の未払い分を自治体が補填するものである。現在、群馬県、神奈川県、埼玉県、千葉県、兵庫県、東京都等、一部の自治体が同様の事業を実施している。その他、神奈川県や兵庫県の医療機関では、保険に加入していない外国人に対し、外国人互助会制度を運用しているところもある。この制度は、外国人が月2000円程度を医療機関に支払い、3割の自己負担によりその医療機関で治療を受けることができるといったものである。

5. 社会福祉制度を補う様々なサービスの重要性

地域での様々な制度や機関、サービスは、ほとんどの場合在留資格がない人、あるいは社会保障制度の対象にならない人でも、利用可能である。例としては、国際交流センター・国際交流財団・国際交流協会・多文化共生センターがある。これらの機関は、日本語教室、生活に関するセミナー、市民交流イベント、ボランティア養成、支援者、通訳の養成講座を実施している。専門職団体の支援としては、医師会の多くでは、外国人を対象とした無料の健康診断や歯科検診、健康相談会を実施している。いくつかの医師会では、外国人医療ハンドブックや多言語問診表を作成している。弁護士会では、日本弁護士会、県弁護士会等において無料での英語、中国語などの通訳付の法律相談を実施している。東京弁護士会のように外国人相談センターを設けていたり、無料相談日を設けていたりすることもある。無料相談会では対面での相談も無料だが、継続的な相談の場合は有料となる。また、法的手続きへの支援としては、行政書士が国際結婚、在留資格などの書類作成や手続きの相談を行っており、多言語行政書士協会が、福祉機関から寄せられる外国人支援に関連する法的手続に関する相談に応じている。

人権問題に関する啓発・広報などを行う国際人権団体であるアムネスティ・インターナショナルは、難民認定申請者への支援と入管法に対する提言を行っている。国連難民高等弁務官事務所（UNHCR）は、難民及び難民出身国の情報提供や広報活動、難民認定手続きと難民・難民申請者に対する処遇（情報収集、収容中の問題、申請者の子どもの教育など）、や難民認定基準

などの提言、パートナー団体やＮＧＯに業務委託を行う形で法律カウンセリング、収容者・病気の申請者へのカウンセリング、日本語教育などを行っている。

　労働基準監督署・公共労働安定所（ハローワーク）には「外国人労働管理アドバイザー」が設置され、相談を受けており、通訳を配置している自治体もある。大使館は、パスポートに関する業務が必要な時に関わるほか、ＤＶ被害者や人身売買取引の被害者の支援に関わるケースがある。女性の支援機関として、婦人相談所・婦人保護施設が挙げられる。また、婦人相談所は各都道府県に１か所設置されており、各種の相談のほか一時保護も行っている。「女性センター」「男女共同参画センター」など名称は様々である。「配偶者暴力相談支援センター（ＤＶ防止法で規定された支援機関）」としての役割を持つ場所もある。

　これらのほか、言語通訳や法律情報の提供など通訳なども、移民が社会福祉制度を利用するために重要となる。教会などの宗教的な資源や同国人同士のコミュニティ、日本語教室のボランティア、インターネット情報など、公的な支援を十分には利用できないことが多い移民を支える、インフォーマルなネットワークも含め、社会福祉制度の利用をサポートする制度やサービス、ネットワークが総合的に整うことで、移民が抱える福祉問題が解決、解消されるといえる。

6．まとめ

　外国人が生活上の困難の解決・改善のためには、現行の社会福祉制度、そして活用の方法を改めて見直し、検討する必要がある。しかし、彼らが抱える課題は社会福祉制度の不整備のみによって生じるものではない。支援者は移民が必ずしもＳＯＳを発信する術を持たないこと、そしてお金、友人、能力、コミュニケーション、サポート資源が限定されるといった外国人ゆえの問題に直面すると同時に、クライエントが持つ、男女の役割、親の役割、しつけ、医療、金銭感覚など実に様々な分野にわたる価値観の固有性に気付きながら支援に関わることになる。社会福祉制度を理解することはもちろん、移民の来日、滞日をめぐる歴史、日本の法規や労働構造に加え、彼らが経験する文化離齬やそれに伴う心理的課題を知ることが求められる。その過程で、今までは必ずしも疑問視してはいなかった日本の制度や価値のありようにつ

いて気付き、考え、そして行動することが期待されている。

[参考文献・資料]
- 独立行政法人・労働政策研究・研修機構（JILPT）（2011）『世界同時不況後の産業と人材の活用に関する調査（事業所調査）・外国人労働者の働き方に関する調査』独立行政法人・労働政策研究・研修機構（JILPT）。
- 移住労働者と連帯する全国ネットワーク編 2010『日英対訳　日本で暮らす外国人のための生活マニュアル　役立つ情報とトラブル解決法　第2版』スリーエーネットワーク。
- 石河久美子 2012『多文化ソーシャルワークの理論と実践——外国人支援者に求められるスキルと役割』川島書店。
- 厚生労働省 2015a.1.8「平成24年被保護者調査 年次調査（個別調査）平成24年7月末日現在」http://www.e-stat.go.jp/SG1/estat/GL08020103.do?_toGL08020103_&listID=000001127002&disp=Other&requestSender=dsearch）。
- 厚生労働省 2015b.12.22「社会保障審議会児童部会第3回ひとり親家庭への支援施策の在り方に関する専門委員会　母子生活支援施設における支援について　資料2　大塩委員提出資料」http://www.mhlw.go.jp/stf/shingi/2r985200000336oi-att/2r985200000336pz.pdf。
- 厚生労働省 2015.1.10 外国人雇用施策http://www.mhlw.go.jp/bunya/koyou/gaikokujin.html#document。
- 厚生労働省 2014.12.22「外国人雇用状況」の届出状況http://www.mhlw.go.jp/file/04-Houdouhappyou-11655000-Shokugyouanteikyokuhakenyukiroudoutaisakubu-Gaikokujinkoyoutaisakuka/0000036116.pdf。
- 内閣府 2015.1.10「定住外国人施策ポータルサイト」http://www8.cao.go.jp/teiju-portal/jpn/index.html。
- 日本社会福祉士会 2013「2013年度　滞日外国人支援研修資料」日本社会福祉士会国際・滞日外国人支援委員会。
- 賽漢卓娜 2009「周縁化される中国人女性の結婚移民」『アジア・太平洋人権レビュー2009』現代人文社。
- 三本松政之 2011「多文化社会の福祉コミュニティ形成」『法学研究』84(6), 361-387.
- 田村太郎 2009「自治体における外国人住民施策の現状と課題——都道府県および政令市と対象とした2つの施策調査より」『経済学論集（民際学特集）』49(1),333-347。

（みなみの・なつこ）

第3部

海外の移民政策の動向

第8章

アメリカの移民政策
頭脳獲得と労働者確保を図る戦略

本田量久
東海大学観光学部教授

1. 問題意識――移民政策の戦略性を問う

　M.ウェーバーは『プロテスタンティズムの倫理と資本主義の精神』（1904〜05年）のなかで、プロテスタンティズムに起因する勤勉で合理的な生活態度や労働観がアメリカ社会の近代化と資本主義を推進する力となったと分析した。だが、20世紀におけるアメリカの持続的な発展は、個人主義的でWASP中心的な説明では充分に理解できないだろう。

　アメリカは、先住民の迫害や黒人奴隷制度といった暗い歴史をもつ一方、19世紀以降、多くの移民を受け入れながら発展してきた国である。アメリカは個人の自由を尊重し、多様性に対して寛容であることから、今日も世界中から自由と成功を求めて優れた移民が数多く集まり、高度な専門知識・技能の集積とネットワーク化を推進することで、アメリカの発展に大きな貢献をしている。また、農業、製造業、サービス業など、高度な専門知識・技能を要さない分野で就労する移民労働者もアメリカの発展において重要な役割を果たしている。

　アメリカは、アメリカ国民の能力と努力だけで発展してきたのではない。アメリカは、短期滞在者（労働者、留学生など）や移民の多様な能力や新たな発想を受け入れ、それらを融合し、流動性が高い時代の要請に柔軟に対応しながら絶えず自己革新を重ねてきた。

　本章では、国際競争が高まるなか、頭脳獲得と労働者確保を図るべく米国が展開する戦略的な移民政策とその有効性について論ずる。

2．移民政策の歴史と移民動向

　17世紀初頭、イギリスがニューイングランドに入植を開始し、清教徒が宗教的自由を求めてこの地域に移住するようになった。1776年の独立宣言は「生命、自由、幸福追求」の権利を「不可侵」なものであると謳い、今日にも連なるアメリカ民主主義の原型をつくり、世界中から自由と夢の実現を求めて多くの外国人がアメリカに集まっている。確かに、アメリカは、景気変動や反移民感情の高揚と連動して、たびたび外国人の入国を制限する政策を採用してきたが、紛争、迫害、貧困を逃れ、また自由と成功を求める多くの外国人を受け入れてきた。たとえば、F.D.ルーズベルトが「自由の戦争」と位置付けた第二次世界大戦のときには、主に欧州から多くの外国人がアメリカに亡命している。
　そして、移民はアメリカ民主主義の恩恵を受ける一方、アメリカの発展に大きな貢献をしている。R.フロリダは、「鉄鋼王」のアンドリュー・カーネギー（スコットランド出身、1835〜1919年）、投資家のジョージ・ソロス（ハンガリー出身、1930年〜）、また1990年代に活躍した外国出身者として、Google共同創業者のセルゲイ・ブリン（ロシア出身、1973年〜）、Yahoo!共同創業者のジェリー・ヤン（台湾出身、1968年〜）らの人物を挙げながら、移民の受け入れと米国の発展が相互に関連していると論ずる（Florida 2007: 5-6）。
　移民の出身国構成は、時代によって大きく異なっている。20世紀半ばまでは主に欧州出身の移民が約半数を占めていたが、1965年移民・国籍法の成立によって、アジア諸国、北米（カナダ、メキシコ）、中南米諸国の出身者が増加した（Koven and Götzke 2010: 12）。1921年移民割当法、1924年移民法は、1890年に実施した国勢調査における出身国別の移民数を基準として各国移民受け入れ上限数をその2%と定めたが、1965年移民・国籍法によってその制限が撤廃された結果、特にアジア系移民が拡大した。本法は、それまでの出身国別の割当数に基づく移民政策から、人道主義的な原理に基づく家族再統合と産業界の要請に対応した労働力確保を主な目的とする移民政策への転機をつくり、「現在もなおアメリカ移民法の根幹」となっている（新田 2014: 20）。
　また、1986年移民改革規制法は、約270万人の非合法滞在者を「合法化（legalization）するとともに、移民の家族呼び寄せ（特に女性配偶者や子ども）

を容易にし、このうち約7割を占めるヒスパニック系移民の定住化と連鎖移民 (chain migration) が促進されるなど、1990年代以降も着実に移民規模が拡大していった (Freeman and Bean 1997: 34)。

G.ハンソンによれば、2005年のアメリカ滞在者数は3,500万人であり、そのうち約66%は合法移民、約30%は非合法滞在者、約3%は就労・留学・家族呼び寄せなどを目的とする合法短期滞在者（永住権をもたない非移民）という構成になっている (Hanson 2007: 6)。1950年代の新規合法移民数は年間25万人ほどだったが、近年では年間100万人前後で推移している。国土安全保障省（2001年に同時多発テロ事件が発生したあと、出入国管理業務は司法省の移民帰化局〔INS〕から国土安全保障省のアメリカ市民権・移民業務局〔USCIS〕へ移管された）が発表する移民統計（2014年）によれば、そのうち約54%が短期滞在労働ビザや留学ビザなどで移民申請手続き以前から国内に滞在していた。新規合法移民の出身国は、メキシコ14%、中国7.2%、インド6.9%という構成となっており、この点も近年における移民動向の特徴である (Monger and Yankay 2014: 1-3)。

このような移民動向と関係して、アメリカでは雇用に基づく移民よりも家族関係に基づく移民が多い傾向がある。同上の移民統計（2014年）によれば、2013年における新規合法移民100万人のうち161,110人 (16.3%) が雇用に基づく移民である一方、649,763人 (65.6%) が家族関係に基づく移民になっている (Monger and Yankay 2014: 3)。1965年以降の移民政策は、アメリカ国内の移民コミュニティと出身国の親族をつなぐトランスナショナルなネットワークを強め、連鎖移民の構造化を促進した (West 2010: 153)。

ただし、アメリカの移民政策とその意義は、家族再統合という人道主義的な側面だけでは充分に理解できないだろう。国際競争が強まる時代状況にあって、アメリカの移民政策における頭脳獲得と労働力確保という戦略的な側面は重要性を増している。

3．頭脳獲得を図る移民政策

かつてアメリカ経済を支え続けた製造業は、今日、国際競争力を相対的に低下させている。しかし、フロリダによれば、1990年代以降、アメリカでは、科学、技術、建築、デザイン、芸術、音楽、娯楽、法律、金融、医療などの分野で高度な専門知識・技能をもった創造階級が活躍し、アメリカの国際競争力に貢献している (Florida 2007: 7)。ただし、変化が著しい時代にあって、

創造階級を教育・養成するのは容易ではない。また、創造階級は労働人口の3割程度であり（Ibid.: 7）、更には、今日の若い高学歴者は、文化的多様性を尊重するなど生活環境が豊かで、経済・産業・技術などの分野で国際競争力を高めているカナダやオーストラリアなどで留学や就労の機会を求めるようになっている（Ibid.: 93-95）。教育界や産業界において、アメリカの頭脳流出（brain drain）を懸念する声が高まっている。

このように労働市場や経済の流動性が高まるグローバル時代にあって、効率的に国際競争力の強化を図ろうとするならば、海外から優れた創造階級を受け入れる政策は有効であろう。フロリダは戦略的な観点から次のような移民政策を提案する。「アメリカは、革新性を維持するために今後も海外から最も優秀で創造的な頭脳を誘致し続けなければならない」（Ibid.: 4）。

(1) 留学生の受け入れと科学技術の発展

グローバルな頭脳獲得を図るうえで、新たな科学技術の開発を推進しうる研究環境の整備が重要になる。アメリカには世界的に著名な研究機関が多くあり、研究者は学問的自由を享受しながら世界的に最先端の研究や技術開発に従事することが期待できる。最先端の研究環境、広い研究者ネットワーク、多様性や新奇性を許容する学問的自由など、アメリカの研究機関は世界中の優れた研究者や留学生が多く集まる条件を満たしていると評価してよいだろう。

国際教育研究所の統計によれば、2013〜14年度にアメリカの大学・大学院に入学した留学生は886,052人で、前年度比66,408人増（8.1％増）であった（Institute of International Education 2014）。1960-61年度の留学生は53,107人であったが、この半世紀で約15倍にまで拡大したことになる。国籍別では中国人とインド人が多く、前者は274,439人（全体比31.0％、前年度比16.5％増）、後者は102,673人（全体比11.6％、前年度比6.1％増）でそれぞれ拡大傾向にある。

海外出身の研究者や技術者は、世界的に最先端の研究や技術革新を推進するうえで重要な役割を果たしてきた（West 2010: 29）。その最も著名な例は、ドイツナチスの迫害を逃れてアメリカに亡命したアインシュタイン（物理学者、1879〜1955年）であろう。また、フロリダによれば、「1985年から1999年にかけて、アメリカのノーベル化学賞受賞者の32％が海外出身者である」（Florida 2007: 101）。アメリカの恵まれた研究環境であるからこそ、海外出身の研究者や技術者は世界的に評価される成果を生み出すことができていると

言ってよいだろう。

また、G.チェララジらの統計分析によれば、留学生の比率が高い大学院は特許件数が高く、更にはアメリカの技術革新に貢献するなど、広い波及効果を認めることができる（Chellaraj et.al. 2006: 251- 2）。留学生は、大学院で最先端の研究や技術を学び、博士号を取得した後もアメリカに留まり、研究機関や企業で働き続ける傾向があることから（Ibid.: 249）、優秀な留学生を受け入れることはアメリカの頭脳獲得を図る戦略として有効だろう。

(2) 高度な専門知識・技能を有する短期滞在労働者

留学生が大学や大学院を修了した後もアメリカで就労する場合を含め、アメリカ国内で高度な専門知識・技能を活かして短期滞在労働に従事するためにはH-1Bビザを取得することが必要である。H-1B労働者を採用しようとする雇用主は、労働省から就労許可証の発行を受けて、それから国土安全保障省のアメリカ市民権・移民業務局（USCIS）にH-1Bビザを申請する。就労許可証を取得するためには、H-1Bビザ申請者が学士以上の学位を取得し、また職務内容と専門知識・技能が合致することを条件としている。また、就労許可証は、外国人労働者が採用されることで、国内労働者の労働条件（賃金など）が悪影響を受けないことを証明するものであり、国内労働者の保護という意味合いが強い（井樋 2007: 7）。

1990年移民法では、H-1Bビザの年間発給上限数は6万5千件とされたが、1999年に11万5千件、更に情報技術分野の好況を背景に2001年には19万5千件に引き上げられた（井樋 2007: 8）。その後、情報技術分野が低迷すると2004年には6万5千件に引き下げられたものの、その後は11万5千件に戻されている。H-1Bビザの有効期限は3年間であるが、更新手続きをすれば最長6年間まで滞在できる。短期滞在者についても人道主義的な原理が働いており、アメリカ滞在中、H-1Bビザ取得者は家族を呼び寄せることができる。H-1Bビザ取得者は、2011年494,565人、2012年473,015人、2013年474,355人となっており、この数年間は50万人弱で推移している（Foreman and Monger 2014: 3）。P.L.マーチンによれば、H-1Bビザ取得者の約半数はインド人に占められており、またH-1Bビザ取得者の半数以上が情報技術分野で就労している（Martin 2006: 96）。

H-1Bビザの他にも、高度な専門知識・技能を要件とする短期滞在労働ビザがある。O-1ビザは「天才ビザ（genius visa）」とも呼ばれており、芸術、

科学、教育、ビジネス、スポーツなどにおいて卓越した能力・業績を有していることを証明できる外国人を対象としている。有効期限は3年間だが、その後は1年毎に更新手続きをすることでき、更新回数の制限はない。O-1ビザ取得者とO-2ビザ取得者（O-1ビザ取得者の国内活動補助）の合計は、2011年67,724人、2012年70,611人、2013年87,366人となっており、増加傾向にある（Foreman and Monger 2014: 3）。

　1994年に北米自由貿易協定（NAFTA）が発効してから導入されたNAFTA-TNビザは、高度な専門知識・技能を有するカナダ人とメキシコ人を対象としている。NAFTA第16章は、学士以上の学位取得者に国境を超えた移動の自由を認めており、NAFTA-TNビザに発給上限件数はない。2011年899,455人、2012年733,692人、2013年612,535人となっており、減少傾向にある（Foreman and Monger 2014: 3）。もちろんNAFTA-TNビザはメキシコ人も取得できるが、その数はかなり限定的であり、取得件数の大半がカナダ人に占められている（Martin 2006: 98）。

(3) 高度な専門知識・技能を有する移民

　留学ビザや短期滞在労働ビザでアメリカに滞在する外国人が帰国せずに移民申請手続きを経て永住権を取得することは少なくない。近年における年間新規合法移民数は約100万人となっており、その半数は短期滞在ビザ取得者を含め、移民申請手続き以前から国内に滞在している。

　雇用に基づく移民は、家族関係に基づく移民よりも少ない。新規合法移民100万人のうち、雇用に基づく移民は、2011年139,339人（13.1%）、2012年143,998人（14.0%）、2013年161,110人（16.3%）と推移するなど、微増傾向がみられる（Monger and Yankay 2014: 3）。これらの統計を詳細にみると、新規合法移民100万人のうち、学士以上の学位と高度な専門知識・技能を有する移民労働者は、2011年66,831人（6.3%）、2012年50,959人（4.9%）、2013年63,026人（6.3%）、卓越した専門知識・技能を有する優先的移民労働者は、2011年25,251人（2.4%）、2012年39,316人（3.8%）、2013年38,978人（3.9%）であまり大きな変化はみられない（Ibid.: 3）。雇用に基づく移民のうち、高度な専門知識・技能を有さない移民労働者は27%である一方、学士以上の学位と高度な専門知識・技能を有する移民が39%、優先的移民労働者が24%、合計63%となっており（Ibid.: 4）、後者の方が合法移民になるための障壁が低いことを示している。

しかし、グローバルな創造階級は受入国の発展に貢献しうる一方で、より大きなチャンスを求めて他の場所に移動するなど流動性が高い。たとえば、近年、中国人留学生が卒業とともに帰国する傾向があるとも指摘されている（Martin 2006: 100）。フロリダはこのような傾向について次のように述べる。「いかなる社会であっても、エリート層の移動性が高いのは常である。とりわけ私たちが生きる時代で特徴的なのは、文化的・政治的・経済的自由を拡大させて、生活する場所、働く場所をグローバルに選択するひとが増えているという点である」（Florida 2007: 1）。新規合法移民全体において、高度な専門知識・技能を有する移民が占める比率は必ずしも高いとは言えないが、留学生やH-1Bビザ取得者など移動性の高い短期滞在労働者をアメリカに引き留め、定住化させることは、頭脳獲得を図る長期戦略として有効であろう。

(4) 頭脳獲得の戦略とその課題

　しかし、頭脳獲得を図る入国管理政策の戦略はすべて順調であったわけではなく、むしろさまざまな障壁に直面しながら、その是非について議論が重ねられてきた。

　第一に、2001年に同時多発テロ事件が発生した直後にビザ発給審査手続きが厳格化されたように、国家安全保障上の理由から頭脳獲得の戦略が影響を受けることがある。たとえば、フロリダによると、留学ビザ発給拒否率は、2002年が34％、2003年が35％となっている（Florida 2007: 12）。また、国際教育研究所の統計によると、留学生数は、1990年代半ばから同時多発テロ事件が発生するまで堅調が続いたが、2001～02年度582,996人から2002-03年度586,323人（前年度比0.6％増）へと鈍化し、更に2003～04年度572,509人（前年度比2.4％減）、2004～05年度565,039人（前年度比1.3％減）へと推移した（Institute of International Education 2014）。フロリダによれば、留学ビザ取得が難しくなった結果、海外の若者が米国留学を回避するようになったのである（Florida 2007: 121-122）。留学ビザ発給件数が減少する当時の状況にあって、ハーバード大学学長のL.サマーズは、アメリカの大学における研究成果の質が低下する可能性があるとの懸念を表明している（Chellaraj 2006: 249）。

　同時多発テロ事件の余波は留学ビザ発給件数の減少にとどまらなかった。上述したように、H-1Bビザの年間発給上限数は2003年まで19万5千件だったが、2004年に6万5千件に縮小されており、またH-1Bビザ発給拒否率は、2001年に9.5％だったのが、2003年には17.8％に上昇している（Florida 2007:

112)。情報技術分野の停滞がその背景にあろうが（井樋 2007: 8）、広く指摘されるように、同時多発テロ事件の発生に伴い、入国管理政策が厳格化されたことの影響は小さくない。

　ただし、高度な専門知識・技能を有するグローバルな創造階級がアメリカの発展に大きな貢献をしているという現実を考えるならば、今後も国家安全保障上の課題を念頭に置きながらも、アメリカ民主主義の根幹である個人の自由を侵害することなく、頭脳獲得を図る戦略的な政策を展開せざるをえないだろう。また、治安維持の名のもとに多様性に対する寛容性が失われるならば、アメリカは更に内向的になり、流動化する国際社会への適応力を弱めるばかりか、国際的孤立を深め、国益を損なう恐れがある。

　第二に、高度な専門知識・技能を有する短期滞在労働者や移民労働者が拡大することで、国内労働者の雇用条件が影響を受ける場合があり、頭脳獲得を図る戦略の意義が問われることがある。

　具体的には、1994年、AIGが多国籍企業Syntelに業務委託をした結果、AIGで勤務するアメリカ国民のプログラマーがレイオフになった事例がある（Martin 2006: 98）。Syntelは、1980年にバーラト・デサイ（ケニアで生まれたが、インドに移住してインド工科大学で学び、それから渡米した経歴を持つ人物）がミシガン州トロイで創業した企業で、高度な専門知識・技能を有する外国人スタッフを雇用し、またインドなど世界各地の支社と連携しながら、情報技術、コンサルティング、アウトソーシングなどの事業展開をしている。グローバルな企業間競争が激化する時代にあって、AIGが効率的な経営戦略を図るべくSyntelと提携するのは合理性があるだろう。

　だが、高度な専門知識・技能を有するグローバルな創造階級を雇用することで、高度な専門知識・技能を有する国内労働者が解雇されるならば、頭脳獲得を図るアメリカの戦略は成功しているとは言いがたい。更には、このような状況は、グローバルな創造階級の雇用条件を悪化させている可能性さえある。

　また、労働市場における自由競争原理の強化は、企業にも不利益をもたらしうる。つまり、企業が人件費を削減するために安い賃金でH-1B労働者や移民労働者を雇い、商品やサービスの低価格化を推し進めるなど、経営戦略の徹底的な効率化を図ろうとするならば、企業間の消耗戦に巻き込まれて、経営悪化に陥る恐れがある。グローバルな創造階級、国内労働力を効果的に活かし、また企業の競争力向上を図るためには、まずすべての労働者の法的

保護を前提としなければならないだろう。

4. ヒスパニック系の非熟練労働力と家族呼び寄せ

　ここまで、頭脳獲得を図る入国管理政策について論じてきたが、アメリカの経済・産業を支えているのは、高度な専門知識・技能を有するグローバルな創造階級だけではない。アメリカの均衡的な発展にとって、情報技術や金融などの最先端分野と同様、農業、サービス業、製造業などの基盤的な産業分野は不可欠であり、それを支える移民労働者や短期滞在労働者を確保することが重要である。

(1) 専門知識・技能を有さない短期滞在労働者と家族呼び寄せ

　農業、サービス業、製造業などの産業分野における労働内容は、専門知識・技能を必要としないが、国内労働力だけでまかなえるとは限らない。これらの産業分野において主要な労働力となっているのがヒスパニック系（中南米出身者）の短期滞在労働者や移民労働者である。

　たとえば、第二次世界大戦の勃発に伴うアメリカの労働不足を補うことを目的として、アメリカ政府とメキシコ政府が協定を締結したブラセロ計画がある。本計画は1942年から1964年まで続き、1950年代のピーク時には年間50万人ほどのブラセロ労働者がアメリカに入国した。そして、ブラセロ計画が終了してから今日に至るまで、メキシコ出身の非熟練労働者は、農業、サービス業、製造業などの産業分野で重要な役割を果たし続けている。

　1990年移民法が成立されてからは、外国人がアメリカ国内で専門知識・技能を要さない短期滞在労働に従事するためには、H-2Aビザ（農業）、H-2Bビザ（農業以外の分野）を取得しなければならない。H-2A労働者、H-2B労働者を採用しようとする雇用主は、労働省から就労許可証の発行を受けてから、国土安全保障省のアメリカ市民権・移民業務局（USCIS）にビザを申請する。就労許可証を取得するためには、雇用主は国内労働者に対して積極的な求人活動を実施することに合意するとともに、外国人労働者を雇用することで国内労働者の労働条件（賃金など）が悪影響を受けないことを証明しなければならない。

　H-2Aビザ、H-2Bビザの有効期限は1年未満で、ビザを更新する場合には合計3年未満である。H-2Aビザは年間発給上限数がない。国土安全保障

省が発表する統計によれば、本ビザ取得者数は、2011年188,411人、2012年183,015人、2014年204,577人で微増傾向にある。他方、H-2Bビザの年間発給上限数は6万6千件となっている。H-2Bビザ取得者とH-2Rビザ取得者（H-2B再取得者）を合計すると、2011年79,862人、2012年82,921人、2013年104,993人となっており、増加傾向にある（Foreman and Monger 2014: 3）。

H-2A労働者とH-2B労働者は、主にメキシコ人に占められている。また、その呼び寄せ家族が短期滞在ビザを取得してアメリカに滞在することも多い。

(2) 専門知識・技能を有さない移民

高度な専門知識・技能を有さない短期滞在労働者とその家族は、ビザの有効期限が終わると帰国しなければならないが、移民申請手続きを経て、永住権を取得すれば合法的に米国滞在を続けることができる。新規合法移民の約半数が移民申請手続き以前から国内に滞在しており、メキシコ出身の短期滞在者についても多くが同様の手続きを経て永住権を取得している。

アメリカの移民政策は、人道主義的な原理に基づく家族呼び寄せを重視していることはすでに述べた通りである。このような移民政策は、特にメキシコ系移民のトランスナショナルな移民ネットワークを強めながら、連鎖移民を促進している。国土安全保障省が発表する出身国別の新規合法移民に関する統計によれば、メキシコ出身の新規合法移民は、2011年143,446人（13.5％）、2012年146,406人（14.2％）、2013年135,028人（13.6％）で最大となっている（Monger and Yankay 2014: 4）。

今日、ヒスパニック系移民は、アメリカ最大のエスニック・マイノリティであり、メキシコ出身者がその6割を占めている。2000年国勢調査によれば、ヒスパニック系移民は3,531万人で全米人口の12.5％を占め、このとき初めて、アフリカ系アメリカ人（3,465万人、全米人口の12.3％）を超えている（U.S. Census 2011: 4）。その後もヒスパニック系移民は増え続け、2010年国勢調査では5,048万人で全米人口の16.3％となっている（Ibid.: 4）。

(3) ヒスパニック系の米国滞在者をめぐる論争

ヒスパニック系の短期滞在者や永住権を獲得した移民は、農業、サービス業、製造業などの産業分野において重要な役割を果たしている。しかし、ヒスパニック系の非熟練労働者や貧困家族、特に非合法滞在者が増加することに対して、多くのアメリカ国民が危機感を示し、また露骨な反移民感情が噴

出することさえもある。

　たとえば、W.サクスビー司法長官（1973〜1975年）は、非合法滞在者の増加によって、雇用問題、治安悪化、社会福祉の支出拡大など「深刻な国家危機」が引き起こされつつあるとして、非合法滞在者の国外退去を訴えたが、これは、アメリカにおける反移民感情の広がりを背景としている（Nevins 2002: 63）。

　また、ヒスパニック系の短期滞在者や移民が多く集まるカリフォルニア州では、1990年代初頭に深刻な不況の影響が広がるなか、移民制限を訴える世論が高まり、これに呼応するかたちで1993年にP.ウィルソン州知事が出生地主義（合衆国憲法修正第14条）の廃止を訴えた（Brimelow 1995: 151）。親が非合法滞在者であっても、アメリカで出生した子どもは出生地主義に基づき自動的にアメリカ籍を付与され、18歳になると家族呼び寄せが可能になることから、更なる連鎖移民の拡大を警告したのである。

　そして、出生地主義の是非を問う議論が広く展開されるなか、1994年にカリフォルニア州住民提案187号が住民投票で可決した。住民提案187号は、非合法移民に公共サービス（教育、医療、福祉など）を提供することを禁止する内容となっている。最終的に連邦裁判所によって違憲判決を下されたが、59％の賛成票があったことから、当時のカリフォルニア州では移民制限論が一定の影響力をもっていたことが分かる。

　保守論客のP.ブリメローが唱える移民制限論は、以上のような政治的展開を反映した内容となっている。ブリメローの移民制限論は、特に非合法滞在者を拡大させた移民政策を批判しながら、以下のような論点を提示する。1965年移民・国籍法の成立によって、非熟練労働者が増大するが、移民家庭の子どもは親と同じく非熟練労働者になる可能性が高いことから（Brimelow 1995: 55）、移民を多く受け入れているカリフォルニア州などでは、公共サービスの提供による財政負担が肥大化している（*Ibid.*: 149）。また、非合法滞在者をはじめとする移民の大量流入は、治安悪化を促す一要因になっているとも論ずる（*Ibid.*: 182）。そして、アメリカの移民政策によって「1．異質な移民の大量流入、2．〈バイリンガル主義〉、すなわち外国語主義、3．教育現場における〈多文化主義〉、すなわち非米主義、4．〈アファーマティブ・アクション〉、すなわち行政命令による白人差別、5．外国人の投票権や政府補助金受給資格などを簡易化することによる市民権の価値に対する体系的な攻撃」がもたらされると述べながら、「アメリカはなおも移民を受け入れるこ

とができるか」との疑問を呈する (*Ibid*.: 219)。

　ヒスパニック系の短期滞在者や移民が増加するなか、特にメキシコと隣接する州では、今日も入国管理政策をめぐる議論が尽きない。更に非合法滞在者の増加と社会不安の拡大を背景に感情的な移民排斥論まで現れることさえある。しかし、農業、サービス業、製造業などの産業分野がヒスパニック系の短期滞在労働者や移民労働者によって支えられているという現実を考えるならば、これらの労働者を排斥することは経済的な合理性を欠くだろう。ブリメローらの移民制限論は、白人だけがアメリカの発展を支えてきたというWASP中心的な理解を前提としているが、多様な移民を受け入れながらアメリカは発展してきたという歴史的経緯、アメリカにおけるグローバル化、社会、経済、労働市場の実態、個人の自由を尊重するアメリカ民主主義の理念を考慮に入れていない。もしグローバルな創造階級を受け入れる一方で、H-2A労働者、H-2B労働者、移民労働者、その呼び寄せ家族を排除するならば、アメリカの硬直化と停滞を招く恐れがあるだろう。

5．移民問題からアメリカ民主主義の価値を考える

　アメリカは、アメリカ国民の能力や努力だけで発展してきたのではなく、グローバルな創造階級や非熟練労働者を受け入れながら、それぞれの多様な能力を活かし、それらを融合することで絶えず自己革新を重ね、アメリカの国際競争力を高めてきた。

　このような移民政策の戦略はアメリカに技術革新や経済的効率性をもたらすだろうが、国家安全保障上の問題、労働市場の不安定化、非合法滞在者の増加と社会不安の拡大といったリスクを伴うことも少なくない。しかし、そのようなリスクに過剰反応して、移民排斥を訴えるならば、米国社会の閉塞化と頭脳流出を招き、アメリカの創造力と競争力を損なうことになる。移民排斥や移民制限にもリスクがあることを認識すべきだろう。

　また、アメリカの移民政策は、短期滞在者の定住化と移民の増加、家族呼び寄せと連鎖移民の拡大をもたらし、それに伴う公共サービス（教育、医療、福祉など）の財政負担が問題とされることがある。しかし、当然ながら、労働者はまず人間として生きているのであり、雇用主に労働力を提供するだけのために存在するわけではない。当然ながら、人間として生活するためには、教育、医療、福祉などの公共サービスは必要であり、人権の観点から保障さ

れるべきである。

　アメリカの入国管理政策は、家族呼び寄せ、難民・亡命者の受け入れなど人道主義的な原理に立脚しており、また、個人の自由を尊重するアメリカ民主主義の理念とも結びついている。つまり、移民問題はアメリカ民主主義が唱える普遍的価値を問う試金石であると言ってもよい。確かに、アメリカは、差別、貧困、犯罪をはじめ、さまざまな構造的な問題が累積している。しかし、外国の人権問題を厳しく非難する一方で、国内の人権問題を放置する国が国際社会の信頼を得られるはずもない。つまり、アメリカ民主主義が唱える普遍的価値を実践することは、外交戦略的にも重要な意味がある。かつてのアメリカは覇権国家として、政治、経済、軍事、文化において世界の中心であったが、今日は多極化の時代である。確かにアメリカはなおも世界の指導的役割を果たしているが、国際社会の理解と協力を得られない限り、アメリカは国益を実現させることはできない。多極化する国際社会の逆説が働いているのである。

　そして、個人の自由と多様性に対する寛容性が保障されるならば、外国人や移民のみならず、アメリカ国民もその恩恵を受けることができるはずである。移民政策をめぐる議論は、アメリカ民主主義の価値を問い直し、それをより洗練させる契機になりうるだろう。

[参考文献]
- Brimelow, Peter, 1995, Alien Nation: Common Sense about America's Immigration Disaster, New York: Harper Perennial.
- Chellaraj, Gnanaraj, Keith E.Maskus, and Aaditya Mattoo, 2006, "Skilled Immigrants, Higher Education, and U.S. Innovation," Çaglar Özden and Maurice Schiff (eds.), pp.245-259.
- Foreman, Katie, and Randall Monger, 2014, "Nonimmigrant Admissions to the United States: 2013," Annual Flow Report, U.S. Department of Homeland Security.
- Florida, Richard, 2007, *The Flight of the Creative Class*: The New Global Competition for Talent, New York: Harper Collins.
- Gnanaraj Chellaraj, Keith E.Maskus, and Aaditya Mattoo, 2006, "Skilled Immigrants, Higher Education, and U.S. Innovation," Çaglar Özden and Maurice Schiff (eds.), pp.245-259.
- Hanson, Gordon, 2007, "The Economic Logic of Illegal Immigration," *Council Special Report* 26 (April), New York: Council on Foreign Relations.
- 井樋三枝子 2007「米国における就労目的の外国人の受入れと規制」『外国の立法』

国立国会図書館調査及び立法考査局,第231号6-13頁。
- Institute of International Education, 2013, "Open Doors Data." http://www.iie.org/Research-and-Publications/Open-Doors/Data/International-Students/Enrollment-Trends/1948-2014
- 喜多克己 1988「アメリカ移民統計と『非合法』外国人労働者」『日本統計研究所報』（法政大学日本統計研究所）24-59頁。
- Kuptsch, Christiane, and Pang Eng Fong (eds.), 2006, *Competing for Global Talent*, Geneva: International Labour Org.
- Martin, Philip L., 2006, "Competing for Global Talent: The US Experience," in Christiane Kuptsch and Pang Eng Fong (eds.), pp.87-104.
- Monger, Randall, and James Yankay, 2014, "U.S. Lawful Permanent Residents: 2013," *Annual Flow Report,* U.S. Department of Homeland Security.
- Nevins, Joseph, 2002, *Operation Gatekeeper*, London: Routledge.
- 新田浩司 2014「アメリカ合衆国移民法の最近の動向に関する研究」『地域政策研究』（高崎経済大学地域政策学会）第16巻第3号15-29頁。
- Özden, Çaglar, and Maurice Schiff, 2006, *International Migration, Remittances, and the Brain Drain*, The World Bank and Palgrave Macmillan.
- U.S. Census Bureau, 2011, "Overview of Race and Hispanic Origin: 2010," U.S. Department of Commerce.
- West, Darrell M., 2010, *Brain Gain: Rethinking U.S. Immigration Policy*, Washington, D.C.: Brookings Institution.

（ほんだ・かずひさ）

第9章

ブラジルの移民政策
新移民の受け入れ策と在外市民への支援策

アンジェロ・イシ

武蔵大学社会学部教授

1. はじめに――受け入れ大国が送り出し大国に

　2010年代はブラジルの移民政策が揺れ動いた時期として位置づけられるだろう。移民の受け入れにおいても、国外移住した自国民への対応においても、既存の政策（もしくは無策）が話題となり、根本から見直されるというプロセスが、本稿を執筆する2015年現在も進行中である。ブラジルは移民の受入れ国としても送出し国としても大変革の時代を迎えているといえる。そこで本稿では、まずここ数年のいわゆる「新移民」の受け入れをめぐる諸問題について簡潔に紹介し、次いでブラジルにとっては新たな経験である、「移民の送出し国」としての課題、そしてそれに伴う「在外ブラジル人政策」について詳述したい。

　2000年代までの流れについては少ないながらも先行研究（レイス：2001など）が存在するが、2010年代の最新動向に関する論考は皆無に等しいので、筆者が主として2009年以降に試みてきた資料収集やフィールドワークのデータを手がかりに分析を進める。

　筆者はこれまで欧米諸国における10か所以上のブラジル大使館および領事館で、大使クラスから書記官クラスまでを含めれば数十人の外交官と対話してきた。また後述する「世界におけるブラジル人会議」等での参与観察を通して、外交官のみならず政治家や政府関係者の生の声を聞くことができた。したがって本稿で用いるデータは、シンポジウム等での公式発言、筆者が構成員を務める在東京ブラジル総領事館の「市民代表者会議」などのクローズドな会合での発言、さらには筆者との雑談やインタビューでのオフレコ発言

をも含む。また、在外ブラジル人支援策については、2008年までの動向を綴ったイシ（2008）を一部引用し、アップデートする形で加筆修正している。

2. 新移民の受け入れをめぐる紆余曲折

ブラジルが世界有数の多民族国家であることは広く知られており、日系移民を含む移民受け入れの歴史が長いことも周知のとおりである。したがって本稿では、20世紀前半までのいわば「旧移民」の受け入れの歩みについては触れず、20世紀後半に顕在化した「新移民」をめぐる話題を中心に論じる。

軍事独裁政権（1964年～80年代前半）やハイパーインフレに伴う経済不況（1980年代～90年代）で長く苦しんだにもかかわらず、ブラジルは南米諸国やアフリカ諸国の人々にとって、70年代より常に主要な移住先の一つとして君臨してきた。チリ、ボリビア、パラグアイ、ペルー、そしてアフリカのポルトガル語圏の国々（アンゴラやモザンビークなど）の人々が多く流入した。なぜ軍事政権時代にわざわざブラジルを目指す隣国の人がいるのか、首をかしげる者もいるかもしれないが、同時期には多くの国が同じく軍事クーデターを食らって独裁政権に支配されたため、アルゼンチン人やチリ人がブラジルに新天地を求めることは何ら非合理的な選択ではなかった。

ブラジルの移民研究者マルテスによれば、ブラジルに在住する難民について公式に発表されている人数は約3,500人で、出身国も69か国と多様ではあるものの、その大多数はアフリカ諸国出身だという。しかし、これには、アマゾン地帯で国境を越えて入国した非正規のコロンビア人（その数は15,000人にも及ぶという）は含まれていない。近年、ブラジル北部や中西部の国境を越えて入国し非正規で滞在する人々の数は正確に把握されていないが、中でもボリビア人の存在が目立ち、サンパウロ市のアパレル業界ではもはや欠かせない労働力になっている（Martes 2009）。

このようにブラジルに移住した人々は1980年に制定された「外国人法」（Estatuto do Estrangeiro）の下で管理されているが、この法律に対する批判が絶えない。というのも、1980年はまだ軍事独裁政権のまっただ中で、外国人法は徹底的に外国人を監視し、その政治活動を制約するのを主目的として制定されたからである。たとえばサンパウロ大学のデイジー・ヴェントゥーラ教授は、2014年のサッカーワールドカップ開幕を前にして、有名なウェブサイトにおいて「ブラジルの移民政策は時代錯誤で外国人に困難を強いてい

る」という論考を投稿し、次のように痛烈な批判を展開している。
　「数週間後にはワールドカップが開幕し、世界のメディアではブラジルが移民国家で、オープンで多様性に富んだ国として報道されるだろう。しかし、ブラジルにおける外国人の法的地位がいかなる状況なのかが明るみになった時、ブラジル国民自身も驚くに違いない。要するに、ブラジルには簡単に入国できるが、定住して正規に雇用されることは困難なのだ。権利はあってもそれを行使できない」（Ventura 2014）。

　同記事で、彼女はさらに次のように解説する。「たとえ永住権を有する者でも、法律上は多くの禁止項目がある。たとえば外国人はデモや行進、政治集会等への参加が禁じられている」。
　そのしわ寄せを受けているのが移民政策を担うConselho Nacional de Imigração（直訳は困難だが、「移民国家機関の意味。以下、CNIgと表記）である。この機関は労働省の傘下にあり、様々なニーズに合わせて進めてきた対策は賛否を巻き起こしている。ここでは最近、話題を呼んだ2つの事例の紹介に止める。

(1)　ハイチ人の流入とキューバ人医師の輸入

　新移民のなかでも中央政府や自治体がともに手を焼いているのは、ハイチ人の急増への対処である。ハイチが2010年に大震災に襲われて以来、多くのハイチ人にとって、入国しやすく超過滞在もしやすいブラジルは主要な救済地となった。ブラジル政府が2010年の大震災後にハイチに援助金、支援物資、さらには人道支援のために軍隊を派遣したことも、ハイチ人がブラジルに親近感を抱き、移住候補地として眼中に入れる要因となったと考えられる。最初のハイチ人集団（約140人）は2011年1月にブラジル入りしたという（O Globo オンライン版2012年1月1日配信）。以降、その数は激増し、登録されている者だけでも14,600人に達したという（Folha de S.Pauloオンライン版2014年10月12日配信、Haitianos já são imigranes mais contratados do Brasil)。ハイチ人が押し寄せたブラジル北部アクレ州の自治体も一時宿泊など緊急受け入れ策を迫られるなど、パニック状態となった。多くの高学歴の熟練労働者も含むという報道もある。
　ブラジル政府にとって、ビザなしで不法入国するハイチ人の扱いは難題となった。なぜなら、ハイチ出身者は内戦や独裁政権の迫害から逃れているわ

けではないので政治亡命者や難民として安易に受け入れることはできないからだ。そこで、CNIgが打ち出したハイチ人対策は、1か月に1,000人を上限として在留許可を与えるという「人道ビザ」である。1,000人という人数設定の根拠は、ジョゼ・カルドーゾ法務大臣によれば、毎月約900人のハイチ人がビザ無しで入国していると試算されているからだという（Agência Brasil, 2014年4月30日配信記事,"Brasil vai ampliar concessão de vistos a haitianos"）。興味深いのは、同記事における、これはハイチ移民の誘致を誘導することになり兼ねないかという問いに対する法務大臣の返答である。「多くのハイチ人は非道な仲介業者に搾取されて、危険なルートで国境を越えてブラジルに入国している。ビザの発給によって、彼らは堂々とフロントドアから入国できるようになる。ブラジル政府は決して誘致政策を取っているわけではないが、ブラジル国家の伝統はここにたどり着いた外国人を温かく出迎えることである」。この発言からも連想できるとおり、ブラジル政府は積極的にハイチ人を呼び寄せたいわけではないが、来伯者には最善を尽くすという方針が明白である。

　新移民がらみのもう一つの話題は、国内の医師不足を補うため、主にキューバから医師を輸入するという奇策である。とりわけ地方都市における医師不足が深刻であったことから、Mais Médicos（「もっと医師を」）と名付けられたこの政策は、2011年に就任したルセフ大統領が2014年に再選を果たすための切り札として大々的にアナウンスされた。

　ところが、労働法や国際法の観点からも、この政策は多くの問題を孕んでおり、とりわけ金銭的な流れにおいては不透明な点が多すぎると批判された。なぜなら、キューバ人医師は給料をブラジル政府から直接受け取らず、ピンハネされた小額を自国政府から支給されるという仕組みが設けられたからである。具体的には、ブラジル政府は医師1人当たり月額1万レアル（約5000ドル）を医師自身ではなく、パンアメリカン保険機構（Opas）に対して支払っている。これがそのままキューバ政権に渡されている。ところが、ブラジリアのキューバ大使館を経由してキューバ人医師に月々支払われるのはわずか400ドルなのである。このような搾取は野党などからキューバ人医師の「人身売買」だと揶揄された。

　ルセフ大統領が属する労働党（PT）は自他共に認める左派色の強い政権であり、キューバとも親交が深い。キューバの医療教育の質やキューバ人医師のスキルも疑問視され、医師の受け入れは「カムフラージュされた援助」で

あるという批判の声も出ている。

(2) 超過滞在者が永住権を!?

　これまで紹介したのは短期ビザ関連の事例だが、長期ビザの付与についても興味深い証言がある。ブラジルの最も有名な移民新聞の一つ、ニッケイ新聞の深沢正雪編集長は永住ビザ取得について、筆者が依頼したシンポジウムで次のような体験談を聞かせてくれた。

　「僕のような近来の日本人が、ブラジルで永住ビザを得る方法としては(1)ブラジル人と結婚する。これはどこの国でも一緒ですね。(2)日本人夫婦であってもブラジルで子どもを産めば、子どもにブラジル国籍が付与されるので、ブラジル国籍の子どもの扶養者として永住権がもらえる。移民国の多くは出生地主義なので、比較的この方法は一般的ですが、条件がだんだん厳しくなっていますね。(3)Anistia（ビザなし滞在外国人に永住権を付与する恩赦）を待つ。これは現在の1988年憲法が発布されて以来、約10年ごとに出ています。ここ30年ぐらいの間にきた単身移民で、結婚しなかったもの、外国人同士で結婚して子供ができなかった人の多くが、これで救われました。(4)農業移住申請する。日本人は今もこれが使えますが、3年以上の農業経験を証明する必要があります。最後は、(5)ビジネスビザ（Temporário V）を申請して延長、永住権に切り替える。……というわけで、ブラジルで永住権を得る方法は五つしかありません。というか、五つもあります。ちなみに、私は(5)の方法でした。私は1992年にブラジルに行き、やはりその年に来ていた妻と日本人同士で翌1993年に結婚し、子どもができなかったからです。2年間のビジネスビザ（Temporário V）を2006年9月に申請しました。2年間のビザで、2008年9月にそれを延長し、2010年9月の2度目の延長の時に、永住ビザに切り替え申請をしました。私の身の回りには、(3)Anistiaで永住権をもらった日本人が、何十人といます。これは世界に稀に見る素晴らしい制度だと心底思います。そのような人たちの多くが現在、邦字紙はもちろん、日本からくるメディア関係者の対応をしたり、日本企業相手の書類代行業、日本の組織や日本人との橋渡しとなるような仕事をしています。2011年3月に僕の永住ビザ申請が許可されたと言うのが、連邦政府の官報に掲載され、晴れて永住権を頂きました。つまり、ビザ申請から4年半で、永住ビザを得ました（文部科学省私立大学戦略的研究基盤形成支援事

業中間報告を兼ねたシンポジウム「東アジアにおける人の移動と相互理解の深化——経済・社会・文化の活性化とコンフリクト」武蔵大学、2014年12月20日）。

　深沢の体験談で筆者が最も驚いたのは、彼が超過滞在を経験したにもかかわらず、それがブラジル法務省に問題視されなかったことである。「私はそのビザを申請する前、実は3、4年間ほどビザ切れ滞在状態でした。ですが、まったく問題なく出ました。日本やアメリカでは、"ビザ切れ滞在"自体が不法、犯罪行為とみなされますが、ブラジルはビザ切れ滞在自体は犯罪ではありません。その辺が、ブラジルはとても良い国だとしみじみ思います。

　2014年にはサンパウロ市においてブラジル政府主催の移民および難民受け入れに関する初の全国会議（COMIGRAR - Conferência Nacional de Migrações e Refúgio）が開催されたが、その開会宣言で法務大臣は次のように述べた。「国家安全保障の原理が人権を上回るようでは、優れた移民政策だとは言えない」。

3. 政府による在外ブラジル人政策

　ブラジルから日本へのいわゆるデカセギ移民の渡航は1980年代後半に始まり、1990年の出入国管理および難民認定法（以下、入管法）を機に加速化したが、1980年前半からすでに多くのブラジル人が米国や欧米に新天地を求めていた。これら国外移住者、すなわち在外ブラジル人への対応は、ブラジル政府が最も重視している（あるいは重視せざるをえない）「移民政策」関連の課題だといえる。

　外務省は2012年にDiplomacia Consular（領事ディプロマシー）というタイトルの著書を刊行した。その巻頭言で、パトリオッタ外務大臣（当時）は次のように明言している。「もはや経済的な意味でのサバイバルとは限らず、新たなチャンスが我々の同胞を他国での生活に誘導している。それらの国で多数の市民が安住しており、ブラジル政府の絶えない注意を要する。それは保護、サポート、市民権の保持、ブラジルとの絆の維持などに及ぶ」（MRE/SGEB 2012:3）。

　この言葉に集約されるとおり、ブラジル政府は国外移住者を単なる「経済難民」とは捉えず、一時的なデカセギ者ではなく定住・永住者も多いことを認識しており、それを前提に多面的な支援体制の必要性が認識されている。

ただ、在外ブラジル人への支援策を練る上でまず障壁となるのは、正確なデータ不在である。そこで、まず、外務省による推計を確認しておきたい。

(1) 外務省による推計

　世界各地に離散したブラジル人の多くは非正規滞在者であるため、その実数を正確に把握することは不可能に近い。最も正確なデータが得られるのは、他でもない日本である。渡日したブラジル人の大多数が合法的に滞在しているからである。

　2008年の時点では外務省は全世界に離散する在外ブラジル人の総数を「2,059,623人と3,735,826人の間」と推計していた。最低人数と最高人数の幅が200万人台から370万人台という、倍近くの開きがあった。実数の把握がいかに困難であるかがうかがえる。

　表1は外務省が公表した2013年現在の推計である。

表1　在外ブラジル人が多い国トップテン

主要な移住国	ブラジル人の数（推計）
米国	1,006,842
パラグアイ	459,760
英国	無記入
日本	186,051
ポルトガル	162,190
スペイン	119,000
オーストラリア	92,000
スイス	79,000
イタリア	68,030
フランス	60,000

ブラジル外務省公表の推計を基に作成

　米国在住者が群を抜いていることは広く知られているが、ブラジルの隣国パラグアイにこれほど多くの人が移住していることは、少なくとも日本ではあまり知られていない。パラグアイとブラジルの国境を頻繁に往復する人が多いため、最も実態とかけ離れている可能性が高い。また、欧州諸国に在住するブラジル人の数を合算すれば、パラグアイや日本を上回るが、個別に見

第9章　ブラジルの移民政策　117

れば及ばない。英国の2013年の推計は無記入となっているが、2008年に公表された推計では20万人弱と記入されていたので、トップテンの上位に入ることは確実だと思われる。この表では暫定的に3位に挿入した。

在外ブラジル人について政府が公表しているもう一つの数字は、在外投票者数である。日本の選挙管理委員会に相当するブラジルの高等選挙裁判所（TSE）の公式HPによれば、在外ブラジル人の投票者数が2006年から2007年にかけて21％も上昇した（"Cresce em 21% total de eleitores brasileiros no exterior", 2008年1月25日リリース）。

他方、TSEの公式HPで発表された記事（"1,3 milhão de emigrantes brasileiros em situação irregular podem votar", 2007年6月15日リリース）によれば、「海外に在住する260万人のブラジル人のうち、選挙カードを有するのはわずか82,204人（3％）である。また、外務省の推計によれば、在外ブラジル人の半数以上に相当する133万5千人がイレギュラーな状態で生活している。（……）海外に在住する投票権所有者は、ブラジルの投票総人口125,752,802人の0.6％に相当する」。

同記事では、なぜ在外ブラジル人が参政権に対して消極的なのかを解明するという趣旨で、各国に赴任している外交官の談話も掲載されているが、各国に在住するブラジル人の特徴を比較する上で示唆的である。スペイン駐在の領事は、多くのブラジル人が首都マドリッドから離れた地域に在住しているため、領事館まで足を運ぶのが面倒であることや、移民がブラジルの政治に無関心であることなどを挙げている。イタリア駐在の領事は、低学歴の移民が多いため、（選挙に関する）情報が入手できていないことや、イタリア人男性と結婚している女性移民の比率が高い（全体の3分の2）ため、ブラジル国民の義務の遂行から遠ざかってしまう傾向が強いと解説する。

(2) メディアの活用による情報提供

活字媒体から電子媒体まで、様々なメディアを活用した情報提供の試みが近年、顕著である。中でも際立つのはウェブメディアの活用である。これは、在日ブラジル人の間でインターネットの活用が流行っていることを考慮すれば（イシ：2006b）、ニーズに見合った対応だといえよう。

外務省は2007年4月に、インターネット上で「領事ポータル」を新設した。そのポータルにアクセスすれば、世界各地の大使館や領事館の所在地などの基本情報から、特定の場面に遭遇した場合の対処法などの込み入った情報も

盛り込まれている。

　他方、ブラジル最大手のテレビ局であるグローボの国際放送局で、CM放送の時間枠を利用して様々な啓蒙的な説明を行なっている。この広告の特徴は、説明が外交官によってではなく、顔と名が知られた好感度の高い女性キャスターによってなされることである。例えば笑顔で「海外に不法滞在している者も、合法的に滞在している者と同様に投票できる。移民局には通報されないし、不法滞在であっても、投票する権利はあるので、恐れずに領事館に出向いて」という趣旨の説明をする。

　海外在住の投票者の増加は政府が最も力を入れている政策の一つに数えられる。海外在住者はブラジルの地方選挙での参政権はないが、大統領選なら投票できる。しかし、そのためには、投票者登録カードの移転と更新（選挙区をブラジルから移住国に変更すること）が必要である。

　ところで、注目すべきなのは、活字資料にしても映像資料にしても、ブラジル政府が超過滞在している在外ブラジル人のことを「イレギュラーな状態で生活している者」と表し、「イリーガル（不法滞在者）」という表現を極力避けていることだ。各国で超過滞在している移民が多い中、政府としては自国の市民の呼称にも配慮している模様である（イシ 2011）。

(3) 日本での支援策の実践例

　日本在住のブラジル人コミュニティへの支援策の最大の特徴は、1997年に駐日大使館内に支援策のみを扱う「ブラジリアン・コミュニティ担当」（通称「コミュニティ担当」、「Setor de Comunidade」）が創設されたことである。このような趣旨や部署名を有する部署が設けられたのは、全世界のブラジル国の在外公館の中でも日本だけである。その意味では、世界各国に在住するブラジル人の中でも、在日ブラジル人への支援が充実しているという見方もできなくもない。

　領事館によるサービスの向上は、在日ブラジル人の古くからの要望であり、エスニック・メディアの投稿欄を賑わす話題の一つでもあり続けてきた。領事サービスに対する不満の声は依然として多いが、サービス内容がここ数年、劇的に充実してきたことも、正当に評価する必要があろう。

　まず、確認する必要があるのは、東京、名古屋、そして静岡県浜松市の各領事館が、総領事の裁量に従って、個別に新サービスの導入を発案・実験していることである。3領事館に共通するものもあれば、独自のものも

ある。共通する施策として特筆に値するのは、実施回数が通算で100回を超えている「移動領事館」(consulado itinerante) である。これは、長野県上田市、群馬県太田市などの集住都市に、特定の日（通常は日曜日）に領事スタッフが大人数で移動し、公民館などの大会場を貸し切って、通常の領事館に比べて劣ることのない、フルサービスを提供する催しである。各地で毎回、抜群の集客を誇り、大好評であることを受けて、さらに二種類のプログラムが導入されている。一つはボランチ領事館 (consulados volantes) で、領事館の職員数名がブラジル人の集住都市に定期的に出張するものである。もう一つは、現時点では名古屋領事館のみで実施される、「臨時領事館」(consulado extraordinário) で、年間を通して、数回、日曜日にも営業するというものである。領事館は通常、月曜日から金曜日までしか営業しないが、ブラジル人が仕事を休まなくてもサービスが受けられるための配慮だという。

　領事サービスの内容が総領事の方針に応じて左右されるという点も見逃せない。例えば、2006年より2007年まで東京で総領事を務めたレナット・プラド・ギマラエンスは、斬新な発想で領事サービスの充実を図った。彼は従来、領事手続きの提供のみに利用されていた移動領事館を「啓蒙の場」として位置づけ、専門家による税金や諸権利に関する講演や、ブラジル音楽のライブを、無料で移動領事館と同時開催した。ギマラエンスいわく、「これは単に移動領事館への集客を狙う企画ではない。せっかくこれだけの人が集まって来るわけだから、この機会を利用して、知識を深め、ブラジルの文化に触れ合ってもらいたいのだ」（筆者へのインタビュー）。

　「ブラジルの文化」の定義についても、ギマラエンスは確固たる哲学の持ち主であった。人々が普段、接しているポップ音楽やサンバだけで、ブラジル音楽を語ることはいけないと感じ、移動領事館の音楽ライブでは敢えてクラシック音楽のミュージシャンを呼ぶこともあった。そして、東京領事館のホームページをリニューアルする際、トップページにアクセスすると、自動的にブラジルのクラシック音楽 (João Pernambucoの"Brasileirinho"という曲) が流れるように指示した。ホームページには、音楽家や曲に関する解説も掲載されている。

　ギマラエンスは東京に赴任する前に、数年間、ベルリンで勤務したが、そこで実験したことを東京でも活用したという。例えば彼の公邸に数十名のゲスト（その多くは在日ブラジル人のリーダー層）を招聘して、クラシック音楽鑑賞会を開催した。「私の持論では、ブラジルのクラシック音楽は世界の中で

も優れたものであるが、あまりにもサンバやボサノバばかりが注目を浴びるために、過小評価されていて遺憾である」(筆者へのインタビュー)。

　もう一つの功績は、東京の大使公邸で開催される豪華なパーティに、東京の有力者に限らず、ブラジル人が多く在住する群馬県の大泉町長を招聘したことである。後にある関係者が筆者に打ち明けたとおり、「あれは、大泉町のあるリーダーからのアドバイスで、戦略的に招聘した。大使公邸の立派な施設を味わってもらい、日本のブラジル人社会のエリート層と触れ合ってもらうことによって、ブラジル人を工場労働者のイメージとしか結びつけなかった従来の認識を覆してもらおうという狙いがあった」そうだ。

　さらには、在東京領事館独自の領事手引書（Cartilha Consular）も作成・配布した（2006年9月発行）。「大使館と領事館の役割の違い」から「いかに税金の二重払いを回避するか」まで、細かい説明がなされている。彼の個性あふれる企画が領事サービスの在り方に新風を吹き込んだことは確かである。在日ブラジル人をめぐる諸問題の中でも、「教育問題」は常に注目を浴びてきたが、これについては本稿では深入りしない。ただ、ブラジル教育省の国際部で在外ブラジル人への支援策を統括していたクラウディア・バエナ・ソアレスの発言は、ブラジル政府の移民政策全般を考える上でも示唆に富んでいる。ソアレスによれば、日本でENCCEJAという検定試験が実現したのは、「何よりも、日本のブラジル人コミュニティが組織化し、政府に対してこの試験の実施を要請したからだ」と強調した。どういう者から要望を受けたのか、具体的に問いただしたところ、在日ブラジル人商工会、エスニック・メディア、ブラジル人学校協会、ボランティア組織などであったという。また、「日本のブラジル人コミュニティは、ブラジル本国に多額の送金を続けている」ことにも言及した（筆者および共同研究者へのインタビュー、詳しくはイシ2008参照）。

　ソアレスはブラジル政府が在日ブラジル人の組織的なロビー活動に反応する形で、検定試験の実施に取り組むことにしたと断言している。これは極めて示唆的な証言である。また、ソアレスが送金に言及したことも注目に値する。筆者は、「デカセギによる送金の実態と影響」に関する論考（イシ2006a）で、ブラジル国内のマスメディアによる、移民からの送金の重要性を説く度重なる報道が、在日ブラジル人の存在のみならず、その経済的貢献をも可視化したことを指摘した。それによって、受け入れ国のみならず、送出し国までもが大いに潤っていることが浮き彫りになり、その結果、デカセ

ギに対する視線が好転したことはいうまでもない。ソアレスの発言は、ブラジル政府が在日ブラジル人への支援を当然の報いとして、積極的に捉えていることを示している。とはいえ、その支援法が必ずしも「自発的」ではなく、コミュニティからの要望に応える形で実施される「反応型」の要素を含めるとも言える。

4. おわりに

　国外移住者への支援策については、本稿で触れなかった画期的な試みが少なくとも2つある。1つは「世界のブラジル人会議」である。これは世界各地から、政府が選んだ代表者を招聘して、在外ブラジル人の共通の課題（あるいはその地域や国に特有の課題）を、政府関係者も交えて議論するという趣旨の会合である。2014年までに計4回の世界会議がブラジルで開かれた。
　もう1つの画期的な動きは、「在外ブラジル人代表者評議会」（CRBE）の創立である。これは各大陸での代表者をインターネット投票で選ぶという試みであった。選挙は2010年に実施されたが、様々な批判の声が上がったため、在外市民による直接投票という手法は1期当選者の2年間の任期満了とともに廃止され、各在外公館の総領事が市民代表者を任命するという従来のトップダウン方式が復活した。CRBEをめぐる紆余曲折は在外市民の代表性・代弁性を考える上で極めて示唆的であり、機会をあらためて詳述したい。
　圧倒的な「格差社会」であるブラジルでは、海外在住者をどの程度まで優遇するのかというさじ加減を見極めるのが難しいと思われる。実は、ある外交官はオフレコを条件に、次のような本音をこぼした。在外ブラジル人はある意味においてブラジル国内の移民より厚遇されている、というのだ。彼が例として挙げたのは、刑務所に入っているブラジル人への定期訪問やサポートの充実である。ブラジル国内で刑務所入りした人ならば受けることがない、きめ細かいサービスが、海外で刑務所入りした人なら受けられるので恵まれているというのがこの外交官の持論である。
　この論理には、海外に在住している人々が直面する言葉・制度・心の壁に関する理解が欠けているが、なぜブラジル政府がもっと積極的に在外ブラジル人政策に予算を投入しないのかを理解する上で有意義である。例えば、在日ブラジル人子弟の教育面での支援についても、誤解を恐れずに言えば、次のような論理が成り立つ。ブラジル政府は、国内の学校でさえも存分に援

助・管理できていない。そんな中で、海外におけるブラジル人学校を満足に援助し、管理できる人的余裕や予算など、いかに確保すればよいのだろうか。国外在住者への優遇政策は、果たして容易に国民のコンセンサスを得られるのだろうか。今のところ、「海外在住者への特別扱い」に反対する声はブラジルでは挙がっていないようだ。しかし、政府には常に上記したジレンマが付きまとうことも考慮する必要があろう。

　受け入れ策にせよ、送り出し策（在外市民支援策）にせよ、ブラジルの移民政策は善くも悪くも柔軟性に富む一方で、場当たり的な対応が散見される。しかし、本稿で紹介してきた数々の政策に共通する特長は「寛容性」の一言に尽きるだろう。

［参考文献］
・イシ、アンジェロ.2006a「第2章　デカセギによる送金の実態と影響」『日系ブラジル人のトランスナショナルな生活世界』北海道大学大学院教育学研究科教育社会学研究室23-40頁。
　　　―――. 2006b「在日ブラジル人メディアの新たな展開――ポルトガル語新聞からインターネットを活用した多言語メディアの時代へ」『国文学　解釈と観賞　第71巻7号』至文堂153-161頁。
　　　―――. 2008「ブラジル政府による在外市民政策の変遷――在日ブラジル人に対する支援策を中心に」『日系ブラジル人のデカセギと国家の対応』北海道大学大学院教育学研究科教育社会学研究室11-24頁。
　　　―――. 2011「在外ブラジル人としての在日ブラジル人――ディアスポラ意識の生成過程」日本移民学会編の学会創設20周年記念論文集、『移民研究と多文化共生』御茶の水書房231-251頁。
・Martes, Ana C.B. 2009. Velho tema, novos desafios — gestão pública da imigração. Cadernos Adenauer X, nº 1 Migração e políticas sociais. Rio de Janeiro: Fundação Konrad Adenauer, pp. 9-27.
・レイス、マリア・エジレウザ・フォンテネレ、二宮正人編訳 2001『在日ブラジル人――二国間関係の人的絆』Kaleidos-Primus。
・Ventura, Deisy. 2014 Política migratória brasileira é obsoleta e dificulta vida de estrangeiros. UOL Notícias Opinião. (http://noticias.uol.com.br/opiniao/coluna/2014/05/03/politica-migratoria-brasileira-deixa-estrangeiros-em-situacao-precaria.htm 2015年2月28日アクセス)

［参考ウェブサイト］
IBGE、TSE、MRE、MET、駐日ブラジル大使館、在東京ブラジル領事館。この他、

参考にした新聞記事が多数（文中に表記）。

（Angelo Ishi）

第10章

フランスの移民政策
統合と排除の試練

宮島　喬

法政大学大原社会問題研究所

1．歴史的な移民国としての経験

　フランスは、19世紀末にまでさかのぼる移民受け入れの歴史をもつ。さまざまな理由から19世紀に人口の増加が鈍ったうえに、第一次世界大戦で青壮年男性人口を大量に失い、産業の発展・維持のためにも国外からの労働力の受け入れを必要とした。第一次大戦後には、外国人労働者の組織的な受け入れを開始し、近隣のベルギー、イタリア、スペインだけでなく、ポーランド、チェコスロヴァキアなどにもリクルート網を広げた。1931年のこの国の外国人人口が約290万人（人口の7％）と、現在の日本の外国人人口を優に超える規模だったことも、移民受け入れがいかに重要だったことを物語っている。募集された移民だったかどうかは別として、イヴ・モンタン、ピエール・カルダン、シャルル・アズナブールなど戦後の著名なフランス人も、外国出身で、若き日に移民としてこの国の土を踏んでいる。

　戦後、この国は再び移民受け入れ大国になっていく。そこには数世代フランスで生きてきた移民、戦後の募集によって受け入れられた者、旧植民地の独立以降到来した者、さらに世界中の紛争や独裁体制の存在を反映しての難民など、新旧さまざまな移民が含まれる。その長い移民国の伝統のなかで、いくつかの人の受け入れの制度、慣行が戦前からつくられていた。

　一つは、出生地主義の国籍法を採用し、移民が安定した滞在資格をもてるようにし、二世には自動的に国籍を与えるという道を開いたことである。もともとは近代フランスの国籍法（1806年民法）は（父系）血統主義のそれだったから、日本と同様、外国人は、帰化の申請手続をしなければ、子々孫々外国人に留まっていた。それが、19世紀後半、数次の国籍法の改正によって出

青果店の店頭に立つ移民労働者(フランス・パリ市5区にて)(2008年9月、筆者撮影)

生地主義を導入したのである。百年以上経った今、これは、移民たちがフランスの中に生きるための当たり前の制度となっている。

　また、低出生率への危機感が強かったため、単身男子労働者の優先受け入れの考えをとらず、家族の帯同や呼び寄せに比較的寛大だった。ヨーロッパでは珍しく「定住移民」とか「家族的移民」という言葉が久しく使われてきた(エラン 2008:30)。今日、呼び寄せの制限は強まっているが、外国人入国統計をみると、「家族」という項目での受け入れの率は依然として高い。

　今一つ、早い時期(1936年)から外国人にも義務教育が行われている。外国人労働者は当時から定住していく率が高く、その子どもも将来フランス社会の一員になっていくとみられ、必ず学校に通い、よき市民となるための教育を受けねばならなかった。それに対し、日本では、憲法26条2項(教育の義務)は外国人には適用されないため、それが一因で、ニューカマーの子どもに不就学が起こりやすい。

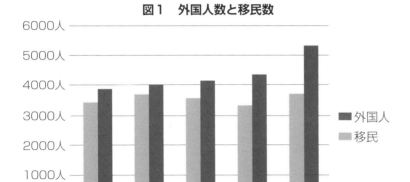

図1 外国人数と移民数

表1 出身国（地域）別の移民の実数とパーセンテージ〈2008年〉

移民の出生国・地域、	実数（1000人）	パーセンテージ
EU諸国	1,808	34%
スペイン	257	5
イタリア	317	6
ポルトガル	581	11
その他EU諸国	653	12
EU諸国以外の国	3,534	66
その他ヨーロッパ諸国	224	4
アルジェリア	713	13
モロッコ	654	12
その他アフリカ諸国	904	17
トルコ	239	4
カンボジア・ラオス・ベトナム		
その他アジア諸国	163	3
それ以外	355	7
	282	6
合計	5,342	100

出所）INSEE. 2012:101

2．外国人・移民の現況

　戦後の経済復興とその後の経済成長を進めるため、多数の外国人労働者が受け入れられたのは戦争直後から70年代初めまでの30年間であり、その後第一次、第二次の石油危機があって、国内に失業者も増えて、外国人労働者の

表2 庇護申請者受け入れ数・上位8国籍
(2007～11年の合計)

国籍	実数
ロシア	18,618
セルビア	7,356
コンゴ民主共和国	14,768
アルメニア	12,530
バングラデシュ	10,367
スリランカ	10,474
トルコ	9,631
ギニア	9,121

出所) OECD, 2013

　受け入れは抑制された。しかし、外国人・移民の総数は減らず、むしろ増加を続けてきた。図1をみてほしい。この統計を見る上で用語の理解が必要なので、少し触れておくと、「外国人」とは、中長期的に滞在する（観光や商用の滞在は除く）非フランス国籍の人々であり、「移民」（immigrés）とは「フランス以外の国に非フランス人として生まれ、現在はフランスに住んでいる人々」を指す。したがって、「外国人」のなかには、フランス国内で生まれ、そのため移民ではない人々もいる。一方、「移民」のなかには、フランス国籍となり、外国人ではない人々も含まれることになる。歴史をもつ移民国では、こうした二種の人口の区別が必要となる（日本でも、この区別は必要だと思うが、在留外国人の統計のみが公表されている）。

　図1から分かるように、年を経るにつれて「移民」の数は増大するが、外国人数は横ばいか、減少を示す年もある。その減少は、入国の減少または出国の増加の結果ではなく、外国人からフランス人への国籍変更による場合が多い。なお、移民にも外国人にも当たらない、フランス国内で生まれたフランス人で、親は外国人という人々もいて[*1]、その数は統計上明らかになっていないが、これも移民人口に含めるという考え方もある。このように移民をより広義にとれば、移民の数は、上の530万余人（総人口の8%）を超え、人口の1割を超えるだろうといわれる。フランスが移民大国だと言われるゆえんである。

　一方、移民の出身国（地域）別はどうなっているだろうか。表1はそれを

---

*1　外国人の親の少なくとも1人がフランス生まれであれば、フランスで生まれた子は出生と同時にフランス国籍を認められる（民法19条3項）。この「二重出生」の子は通常の出生フランス人と統計上区別されない。

示したものである。

表から分かるように、今日のフランスで移民の6割を占めるのは非ヨーロッパ系の人々であって、そのなかでは北アフリカ（マグレブ）とサハラ以南アフリカ（黒人アフリカ）を含め、アフリカ系の比重が高く、次いでトルコ、インドシナ三国、などアジア系が続く。

EU加盟国出身の移民としてはイタリア、スペイン、ポルトガルという南欧3国出身者が3分の2以上を占めている。かれらを「移民」と呼ぶ習慣はまだ残ってはいるが、今やEU加盟国の国民なのでEU内で自由に移動し、居住することができ、一部参政権も認められていて、対等な「EU市民」だとみなす見方も強まっている。事実、彼らは少なくとも二世になると、言語や生活スタイルなどでフランス人と目立った違いがなく、労働市場や社会生活での差別もほぼなくなっているといわれる（現首相マニュエル・ヴァルスは前スペイン国籍で、青年時代にフランスに帰化している）。

庇護申請者、すなわち難民の受け入れでは、上記とは異なる国名が挙がってくる。このうちスリランカは主にタミル系、トルコは主にクルド系からなっている。これら申請者は、後述するように、難民審査を経て認定される者、認定を却下される者など、さまざま道をたどるが、かなりの割合で定住者となっていき、移民集団に合体していく。

3．平等と公正――戦後の移民受け入れ政策

もともと外国人労働者を受け入れる際に、フランスでは平等の理念は重視されていた。

1945年以来、久しく外国人労働者を受け入れる際の法的基準とされてきた「1945年11月2日 政令（オルドナンス）」では、募集し受け入れる国を選別することはしない、民間の斡旋業者が介入することを禁止し、国の機関が公正な受け入れを行う（フランス人労働者と差別しない）、定住を望む者はこれを容易にし、家族移民も認める、といった諸原則を立てている（渡辺 2009：34-35）。したがって、フランスの特徴は、さまざまな地域、国からの移民が受け入れられていることにあり、隣国ベルギー、南欧4国、北アフリカ、サハラ以南アフリカ、中東、その他アジアなどに及び、肌の色も、文化も多様だった。もちろん旧植民地の国々からの入国は多かったが、イギリスのように旧植民地出身移民（コモンウェルス移民）をもっぱら優遇するということはなかった。

また、国が窓口となって受け入れるのが原則で、公正性は重視され、労働条件その他を取りきめ、社会保障の権利等もフランス人と平等とされた。たとえば、この国の手厚い家族手当（児童手当）は外国人世帯でも受給が可能である。

　その後、60年代の高度経済成長期になると、人手不足がはなはだしくなり、国の機関を通しての受け入れでは手続に時間がかかるからと、企業は民間業者などを通して現地から直接入国させ就労させるなどし、この受け入れ制度は揺らいだ。非正規の移民も増えていく。しかし、先に述べた1945年政令には、非正規であることを「不法」として処罰する規定がなかったため、当局に出頭し所定の手続をして正規化してもらうことが可能だった。その後、法制度はより整えられていくが、特に違法性の強い行為がないかぎり正規化を行うという寛大さはフランスの伝統の一つとなっている。事実、直近の正規化の件数を見ても、35,000人（2013年）であり（『ルモンド』紙）、日本の年間の在留特別許可の件数の数倍に達している。

　難民の受け入れにも、これに通じるものがある。外国人・移民労働者の受け入れと難民の受け入れは、本来の趣旨は異なる。前者が経済的な必要および人口問題への対応という理由にもとづくのに対し、後者は、政治的迫害を受け国外にある者を庇護するという人道的・国際的義務としての受け入れである。そしてフランスはドイツとともに、難民条約とは別に、自国の憲法の中に庇護を求める者の受け入れの義務を記している。そこでは、「自由のための活動を理由に迫害され、または他の理由でフランスに保護を求める外国人」が対象とされ（第五共和制憲法第53条の1の2項）、いわゆる難民条約よりも幅が広い。また行政からは独立した難民の審査と受け入れの機関(OFPRA)をもっている。

　事実、難民申請者の受け入れでも、2008～12年の5年間の合計で約20万人と、ヨーロッパ諸国中最多を記録し、日本の20倍を超えている（OECD 2013:356）。庇護申請者として受け入れられる者には、表2の通り、従来人的・文化的つながりの薄かった国々の出身者も上位に含まれている。これら申請者がすべて難民と認められるわけではなく、認定率は10％程度ではないかとみられるが、認定を却下されても、不服申立てをしながら残留したり、「不送還」（non refoulement）の原則によって滞在を認められ、やがて正規化されていく可能性が大きい。

4．移民労働者から市民へ

　受け入れた外国人労働者を単に労働力とみなし、必要に応じ滞在を認め、基本的に帰国すべき存在として扱う国がある。しかしフランスは必ずしもそうではない。「外国人労働者」という用語をあまり使わず、「移民労働者」という言葉をよく使うことにもそれが現れている。だから、滞在の長期化・定住も認め、社会的・文化的受け入れ、家族の受け入れなど、いわゆる移民の統合政策も比較的重視してきた国といえる。

　1973年の石油危機以後、新規の外国人労働者の受け入れは少なかったが、すでに入国していた者は定住が認められ、家族を呼び寄せ、やがて事実上の永住ビザ（10年期限で自動更新）を与えられ、さらに帰化していった者も少なくない。また、フランス人と結婚し、容易に国籍を取得していった例も多い。帰化の申請条件として日本では必ず求められる当人の生計維持能力、および原国籍放棄は、フランスでは要求されない。このように、永住、結婚、国籍取得などを通じて市民への権利を得やすい点にフランスの統合政策の特徴がある。これが、いってみれば「移民労働者から市民へ」の道である（Costa-Lascoux 1989）。

　そして、すでに述べたように国籍法において血統主義と並んで生地主義が採用されていることも付け加えたい。これによって、外国人の親からフランスで生まれた子どもは、遅かれ早かれフランス国籍を認められる。こうして移民の第二世代のフランス滞在の権利における不安は早くから取り除かれる。

　一方、統合政策を進める上で重要な社会保障の制度は、外国人にも平等に開かれている。特に医療保障は、公衆保健（santé publique）という観点から、非正規滞在外国人を除外すべきではないとの考えから、彼らをもカバーしていて、これは日本との違いである。年金制度への加入も平等であり、退職年齢を迎え、老齢年金受給権を得て暮らしている移民、物価の安い母国にもどり、年金を受け取りながら余生を楽しむ元移民も少なくない。

　けれども、住宅に関しては、パリ首都圏への人口集中が激しいこの国の特殊性もあり、住宅供給は十分ではなかった。パリのインナーシティに住む者は、規模（広さ）や家賃で悩まされ、非正規移民の場合、老朽化した水道・電気の供給も保障されない建物に住み込んでいるケースもある。郊外の比較的設備の整った大団地に住むことのできる移民家族は、後に述べるような別

表3　4つの出身国の移民の失業率および社会職業的カテゴリー
(2010年、%)

出身国	失業率(25～64歳)	A*管理的専門的職業	B自営業	C中間的職業**	D一般事務・サービス労働	E熟練労働者	F不熟練労働者
スペイン	9	18	13	15	27	21	6
イタリア	8	16	16	20	24	19	4
モロッコ	28	10	9	11	30	18	22
トルコ	24	3	16	7	14	32	29

出所）INSEE, 2012：187, 193
＊A～Fは合計で100%となる（なお四捨五入の結果、合計が100から上下するものがある）。
＊＊「中間的職業」とは、下級管理職、準専門的職業（たとえば小学校教員、現場技術者、医療補助員など）などを指す

の問題、「郊外」問題に出会うことになる。

　移民が外国籍にとどまる場合、政治的権利には一定の制限が付される。スウェーデン、オランダ、デンマーク、ベルギーなどでは一定条件（主に居住年数）を満たす外国人には国籍の関係なく地方参政権が認められているが、フランスではこれは実現していない。ただし、EU内出身の外国人には相互主義により地方参政権が認められていて、これはEU市民権の一要素である。ここでも二種の外国人の間に格差があるわけである。この国では、労働組合加入、企業委員会の代表や労働裁判所の代表を選ぶこと、自らなることは、外国人にも認められているが、こと参政権については、これを認めるというコンセンサスは成立していない。

5．移民グループ間の格差

　ヨーロッパ系の移民と、非ヨーロッパ系の移民の間には格差が存在することはすでに述べた。以下では社会経済的地位や雇用の面からその格差を見てみるが、言語能力、教育レベルなどが関係していて、周囲の社会の差別意識も働いているとされる。4つの移民グループの比較で、これを検証してみたい（表3）。

　ヨーロッパ系移民は、マニュアル労働者よりも事務、サービス、中間的職業により多く分布し、マニュアル労働でもほとんど熟練労働に就いており、大ざっぱにいうとフランス全体の職業構成に近い。それに対し、非ヨーロッ

パ系の代表であるモロッコ系、トルコ系をみると、それぞれ4割、6割がマニュアル労働に従事していて、不熟練の割合も高い。モロッコ系のほうが平均して滞在歴が長く、第二世代も多くなっているとみえて、中間的職業や事務・サービス労働に就く者がやや多いが、ヨーロッパ系に比べると明らかに差がある。なお、モロッコはかつてフランスの保護国だったため、フランス語圏に属し、移民たちは一世でもフランス語は一応使えるとみられるが、トルコ系は言語的ハンディキャップが非常に大きく、第二世代でも十分克服されていない。そのため言語能力がより要求される事務やサービス労働への進出も遅れている。

　一方、この二つのグループを対照づけるのは失業率である。スペイン系やイタリア系の失業率（25～64歳の者、以下同じ）はフランスの平均と変わらないのに対し、モロッコ、トルコではそれぞれ28％、24％と、その3倍近くとなっている。長期失業者も少なくない。その説明としては、脱工業化が進み、製造業職場がマイクロエレクトロニクス化などによって縮小していくという事実がある。たとえばルノーやシトロエンの自動車の組立てラインで多数働いていた移民労働者は、1980年代、90年代にＭＥ化によってその何割かが整理されてしまった。移民の不熟練労働者が特にその対象となった。ＥＵ内出身の移民は、域内の他の国でも労働許可なしに働けるので、よりよい労働条件を選択できるが、ＥＵ外出身者にはそうした自由がないことも、失業率を高めているかもしれない。

　しかし、それだけではない。国籍や民族による差別もあるといわれる。北アフリカ系の第二世代でバカロレア（高校修了資格）以上の資格を取得した者でも、企業の採用面接を断られる、といった民族差別も起こっていることが指摘されている（宮島　2006：118-123）。

　そして全体としてみると、表1の示すように、移民全体中に非ヨーロッパ系が60％強を占めていて、今では第二世代中心となりつつあるが、失業率が高く、不安定な雇用に甘んじる者が多い。学歴（教育レベル）は、一世の場合には、フランスで評価されるような学歴がなく、「ディプロマなし」という者が大半だった。第二世代中心とみられる今日の成人でも、フランスの平均に比べるとやや低い。

　しかし出身国（地域）による差は大きく、サハラ以南アフリカ出身者は、バカロレア以上の学歴の者が7割に達するなど、フランスの平均をも上回っている。ＥＵ市民でもあり、失業率も低い南ヨーロッパ系の移民の場合、学

歴レベルはしばしばアフリカ系を下回るという傾向がみられる。職に就くのが比較的容易なため、中等教育までで学業をストップしてしまうからであろうと解釈され、逆にアフリカ系では就職が容易ではないため学業が延長されるのではないかとされる。また、この国の大学教育は無償で、原則としてバカロレアを取得していれば入試なしに進学できるということも無関係ではないと思われる。

6．都市「郊外」の移民問題

　さて、その非ヨーロッパ系移民が数多く住むのが、大都市の郊外の団地である。パリ、リヨン、マルセイユ、リールなど大都市の郊外がいずれもそうであり、そのため、「郊外」（バンリュー）という言葉は、移民、特に第二世代を象徴する言葉にさえなっている。かつて移民の多くが住んでいたインナーシティ（都市内部）の集合住宅は手狭である上、老朽化し、一部に「ビドンヴィル」と呼ばれるスラムも広がっていた。移民の家族呼び寄せによる世帯人数の拡大の進む1980年代には、都市内部の住宅の限界がはっきりする。そこで、郊外に建設される大規模な、設備も近代的で、サイズも大きい集合住宅団地に入居するようになる。こうして、都心とは車や郊外電車で30分はかかる新開地といってよい場所に、フランス人と共住であるが、移民世帯がかなりの割合で住まう団地が生まれた。

　しかし、その郊外の生活は、二重の意味で孤立、排除を強いる生活として経験される。遠く、不便で、職場が近くに配されているわけではなく、またインナーシティでは存在した同国人、同郷人のコミュニティがあるわけではない。さらに２割から３割に及ぶ失業率が、昼間から所在なげにたたずむ青年たちを生み、薬物を使用したり、非行（万引きや車の窃盗など）に手を染める者も出てくる。通常のコミュニティの絆がつくる幅のある人間的関係ではなく、同年齢で、共に疎外感をもつというネガティブな契機からグループ行動がとられることもある。このため、郊外の団地は、警察の監視のおよぶ要注意の場となって、小さなアクシデントが、警察と移民青少年との衝突を引き起こしていた。

　2005年秋のパリ市の郊外で始まって、いくつかの都市に広がった移民の「暴動」（émeutes）も、発端は移民二世の少年と警官のトラブルにあった。警察への抗議や、日頃の生活、とりわけ就職における差別への不満から、多

数の若者が路上へ出、火炎びんが投げられ、数千台の車が焼かれたのである（宮島 2006）。

　フランスのみならず、ヨーロッパの、さらには世界中の眼がこの「暴動」に向けられたが、当然、治安を復するだけでは問題解決にならない。失業や雇用の差別、特に国籍・民族による差別にどのように対応するか。国、自治体、ＮＧＯなどが、職業訓練、就職支援、公的扶助制度の整備、差別監視の機関の強化、子どもの学習支援などに取り組んできた。氏名による事前の差別を避けるため、匿名の履歴書を採用するという試みも生まれた。しかし課題は山積している。

7．統合の原理と移民の行動

　フランスはその革命の歴史にもとづき、人々が共有し連帯すべきいくつかの価値を折に触れて強調してきた。「自由、平等、友愛」が有名であるが、それに加えて「非宗教性」（ライシテ）が強調されることもある。これは政治と宗教の分離とも言われ、公的機関やその活動が特定の宗教に支配されてはならないという原則であり、過去にはカトリック教会の政治や教育への影響力を排除するために強調されてきた。

　それが、1980年代末から、移民たちにも「非宗教性」の順守が求められるようになったのである。「イスラームのスカーフ」事件が有名で、頭をスカーフ（ヒジャーブ）で覆った女生徒が公立中学校に登校し、授業を受けようとし、学校側から宗教宣伝になるから脱ぐように注意され、これに納得せず、両者の話し合いが続き、マスメディアが報道し、紛争に発展したものである（1989年9月）。その後フランス政府は、人目に付く宗教的シンボルを身に付けて公立学校に登校することを禁じる法律を成立させた。この宗教シンボルには大きな十字架も、ユダヤ教徒のキッパー（頭に乗せる小帽子）も含まれるものの、中心はイスラームのスカーフだった。実際にはほとんどの移民はこの原則を順守しているが、これに従わない生徒には退校処分もなされるなどし、行き過ぎではないか、教育を受ける権利を奪うものではないか、との批判もある。

　また、フランス社会への統合、連帯のために移民たちのフランス語の習得を重視するようになったのも最近の傾向である。以前は、旧植民地からやって来る移民が多かったため、フランス語学習が求められることはなかった

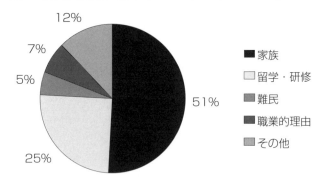

図1　外国人入国の理由〈2009年、%〉SGCICI, 2011

- 家族 51%
- 留学・研修 25%
- 難民 5%
- 職業的理由 7%
- その他 12%

が、彼らとて読み書きの能力は十分ではない。その上、非フランス語圏出身移民（トルコ、パキスタン、中東欧諸国、中国など）が増えているのである。では、フランス語やフランス社会の知識の修得の義務付けは当然なのか。これが、別の問題をも生んでいることは後に見る通りである。

8．受入れは必要という認識、しかし移民の規制は強化

　今日、ヨーロッパ諸国のなかでフランスは少子化、人口減少の不安が比較的小さい国となっており、2010年の特殊合計出生率は、ドイツ1.39、イタリア1.40などに対し、2.0を示している。しかし長いスパンで推計すると楽観はできないとされている。しばらく前から、IT技術者のほか、中間的職業（現場技術者、看護師、助産師など）、建設・土木、機械製造などのマニュアル労働者や、サービス従事者の不足が指摘されてきた（Chassard 2006: 9）。それゆえ2006年の新移民法の施行後から、新規の外国人労働者の受け入れを増加させていて、ポーランド、ルーマニア、インドなどからの入国が記録されている。

　図1をみると、難民受け入れが5%にも達することも目を引くが、依然として入国者のなかに高い比重を占めるのは家族移民であって入国者の約5割を占めるのである。

＊2　同法は"選別的受け入れ"の理念をかかげ、高度技術者、専門職、起業者などの積極的な受け入れを定めているが、他方、家族移民受け入れ、非正規者の正規化などについては制限する方向を示している（宮島 2012, 野村 2009）。

これは、すでに述べたように、滞在している移民が母国から呼び寄せる家族、同じく母国などから招き入れる結婚相手などからなる。フランス政府は、こうした家族移民たちが、長期滞在または永住を予定してやってくるにも拘わらず、フランス語が使えなかったり、フランスの社会や文化への理解が乏しいなど、統合困難であるのを問題視し、独自の措置を導入した。それは、2003年に設けられた「受け入れ-統合契約」と呼ばれる制度である。それは、よきレジデントとなるために一定の時間、フランス語の講習、フランスの歴史・制度・共和国の原理などについての講義を受けなければならないとするもので、事実上義務化され、今日では全国的な講習の体制が準備されている。
　来仏外国人のなかには、非フランス語圏出身者で、これを好機とばかりに「受入れ-統合契約」を利用して、フランス語を習得していく者もいる。だが、そうした義務が家族の合流のハードルをことさら高くしているとする批判、アイデンティティの多様性を認めない同化主義ではないか、という抵抗感も生んでいる。同制度が導入された当時の政策担当者（ニコラ・サルコジが内相、大統領として関わる）の考え方には、家族移民が多すぎ、経済的貢献がなく、望ましいとはいえない、という判断が強かった。このため、「受入れ-統合契約」とその義務化は、非ヨーロッパ系の家族移民の増勢にストップをかけるための一つの選別手段に使われているのではないか、という見方もある〔GISTI 2008:19〕。もしも真にフランス語やフランス社会の知識の不十分な外国人滞在者を減らそうというのであれば、国籍を問わず同契約は適用されるべきだが、EU加盟国の出身で滞在、就労をする者にはこれが免除されているのは筋が通らない、という意見もある。
　なお、こうした移民の統合のための当該国の言語、および当該国の知識の習得の義務付けは、フランスだけでなくオランダ、ドイツ、イギリスなどでも進んでいる。相互間の影響もあると思われる。

結びに代えて──差別、ゼノフォビアの克服

　EUは、久しく移民政策には間接的にしか関与しなかったが、前世紀末から、移民政策をも管轄するようになった。といっても、強い拘束力をもつものではなく、各国の実情に応じた取組み、対応をうながすものである。以前からEUが力を入れてきたものに、加盟国外の出身の外国人で長く滞在している者と、EU内出身外国人の間の権利差をできるかぎり縮小するという対

応がある（03年11月25日指令）。たとえば「EU長期間滞在居住者証」を設けて、EU外出身外国人で、合法的にかつ経済的に自立して長期に滞在してきた者にそれを認めるというものである。もちろん、フランスもこうしたEUの示す方針に従うわけであるが、実質的な格差や差別の是正のほうが重要であるとの声もある。

EUおよびヨーロッパ評議会（Coucil of Europe）では、異邦人排斥（ゼノフォビア）を強く非難し、これをなくすことを呼びかけてきた。フランスが特にターゲットというわけではないが、2010年、フランス政府が国内にいるロマ（ジプシー）を、治安と防犯を理由に集団的に国外退去させるという措置を打ち出した際、非人道的だとして欧州議会と欧州委員長から中止を求める決議、勧告がそれぞれ示された。

そして、2015年1月、イスラームの預言者の風刺を行った週刊紙『シャルリー・エブド』の編集者等十数名へのアルカイダ系人物による殺害事件は、フランスとヨーロッパに大きな衝撃をあたえた。この殺害をヨーロッパが挙げて非難するのは当然だが、イスラーム系とされる移民への攻撃、排斥が広がるのではないかという懸念がEUにある。イスラームとみなされる移民はフランス、ドイツ、イギリス、ベルギー、オランダと合わせて優に1000万人を超える。しかし殺害の舞台がフランスで、その容疑者（いずれも死亡）がフランスで育ったとされ、またイスラーム移民に敵視を示す右翼ポピュリスト政党が存在し、勢力を増しているだけに、フランス内のムスリム移民への非難や排斥が強まるのではないかとの懸念が強まっている。当の移民たちのほとんどは、もはや帰るべき母国をもたない定住者であり、フランス市民は彼らと共存、共生していくほかないし、前者もその心組みで努力している。差別とゼノフォビアの克服、それは今、フランス社会にとって大きな課題となっており、共生のための統合への一つの試練となっている。

[参考文献]

- Chassard, Y. 2006. L'immigration n'est plus ce qu'elle était…, Centre d'analyse stratégique, Horizon Stratégique, No.1, La Documentation Française, Paris.
- Costa-Lascoux, J. 1989. *De l'immigré au citoyen,* La Documentation Française, Paris.
- GISTI. 2008. *Le guide de l'entrée et du séjour des étrangers en France,* La Découverte, Paris.
- エラン・フランソワ 2008（林昌宏訳）『移民の時代——フランス人口学者の視点』明

石書店（Héran, François, *Les temps des immigrés*, Seuil, Paris）。
・INSEE. 2012. *Immigrés et descendants d'immigrés en France*, Paris.
・宮島喬 2006『移民社会フランスの危機』岩波書店。
・宮島喬 2012「フランス移民労働者政策の転換――2006年移民法と『選択的移民』の含意」『大原社会問題研究所雑誌』645号。
・野村佳世 2009「『サン・パピエ』と『選別移民法』にみる選別・排除・同化」宮島喬編『移民の社会的統合と排除――問われるフランス的平等』東京大学出版会。
・OECD. 2013 *Perspectives des migrations internationals 2013*, Paris.
・SGCICI, 2007. *Les orientations de la politique de l'immigration*, La Documentation Française, Paris.

（みやじま・たかし）

第11章

中国の移民政策
国家戦略としての留学政策を中心に

唐燕霞

愛知大学現代中国学部教授

1. はじめに

　20世紀80年代以来、中国は改革・開放政策の実施と市場経済の導入に伴って、驚異的な発展を遂げ、トータルGDPが2010年に日本を超え、世界第2位の経済大国となった。その高い経済成長を支えた要因の1つとして、優秀な人材を挙げなければならない。冷戦期にアメリカと旧ソ連と相次いで敵対関係になり、80年代まで国際社会から孤立していた中国は、改革開放を実行するにあたって、外資や海外技術導入だけでなく、経済改革を推進していくに必要な近代的人材を必要としていた。留学の国家政策は、言わば、改革・開放政策の重要な一環であった。

　本章では、中国の経済成長を支える人材政策の1つである留学政策を取り上げ、改革・開放以降の国家戦略としての留学政策の変遷を振り返り、中国の留学政策の特徴とそれがグローバルな人材育成における役割を明らかにしたい。

2. 中国の留学政策の歴史的変遷

　中国では、政府による海外への留学生の派遣は、1870年代に遡ることができる。しかし、海外留学が国家政策として継続的に実施され、やがて、大きな潮流になったのは、20世紀に入った後の清末であった。日本の明治維新をモデルにした1898年の戊戌維新が失敗した後、清朝政府がみずから「新政」改革をはじめた。強国のための近代化の道はもはや止めることのできない流

れとなったのである。さらに、日露戦争における日本の勝利はこの流れをより決定的なものにした。近代化の気運が高まった中で、中国政府から大量の留学生が送り出された。同時に、科挙制度の廃止に伴い、新たな出世の道を求めて、多くの人々が私費で海外に赴いた。そして、ほとんどの留学生の留学先は日本だった。日露戦争後の1905〜6年の間、日本に留学した学生数は1万人近くに上ったと言われている。近代日本に留学した学生は大きく、軍事、師範と法政の3つの分野に分けることができる。近代日本に留学した学生たちが、帰国後、この3つの分野の近代化改革に大きく貢献した。中国近代史に名を遺した者の多くは、日本に留学した経験をもっていた。

新中国が成立した後、東西冷戦構造の中で、中国は旧ソ連などの社会主義陣営に組み込まれた。「向ソ一辺倒」政策の下で、中国は旧ソ連や東欧諸国などの社会主義国に留学生や研修生を派遣することとなった。当時の留学政策は「厳格に選抜し、少数精鋭」で、1950〜65年の間に派遣した留学生は1.6万人ほどだった。平均して毎年1000人あまり派遣した。これらの人材は1980年代までの中国を支えていたと言ってよい。

留学がもう一度大きな潮流として現れたのは1978年改革・開放以降であった。経済発展を至上の目標として掲げた政府は、「留学を支持し、帰国を奨励し、往来は自由」の政策を掲げ、積極的に留学政策を推進した。ここ三十数年来、出国した留学生の数は3,058,600人を超えた。教育部の統計によれば、2013年の留学生総数は413,900人にのぼった。改革・開放以降、海外留学を国策として打ち出され、海外から帰国された留学生は中国の経済成長に大きな役割を果たした。以下は改革以降の留学政策を整理し、その特徴と役割を明らかにしたい。

改革・開放以降の留学政策はおおよそ以下の4つの時期に分けることができる。

(1) 始動期（1978〜83年）

1976年までの10年間は文化大革命の時代であった。文革の期間中に大学入試制度が廃止された。高校を卒業した若者たちは「上山下郷」運動によって農村に追放され、厳しい労働が強いられた。大学に行けたものは各地で推薦された思想が先進的な者に限られた。これらの大学生たちは「工農兵大学生」と呼ばれ、全体的に教育レベルが低かった。文革が終結後、大学入試が直ちに回復され、それまでに10年間大学に入れなかった若者たちは大学入試に駆

け込み、大学合格の倍率が非常に高かった。いわゆる「77、78級」という現象であった。

　さらに、1978年に開催された中国共産党第11期３中全会によって、党の主な仕事中心は階級闘争から経済建設に移され、改革・開放政策の実施、４つの近代化を実現する目標が打ち出された。生産力向上、経済発展を目指した政策変更は、当然のことながら教育政策にも影響を与えるようになった。経済建設のための人材育成が国家プロジェクトとして位置づけ、中国政府は教育制度の改革に力を入れるようになったのである。

　しかし、新しく回復された大学における人材養成は来たる改革・開放という新しい時代に応えるだけの力は不十分であった。国内における大学教育の強化の延長で、より高度な人材を養成するための海外留学が自ずと求められていた。

　1978年６月23日に鄧小平は留学生派遣の拡大に関する重要な談話を行った。鄧小平は「私は留学生の数の拡大に賛成する。主として自然科学に従事する。これは５年間に成果を収め、我が国のレベルを高める重要な方法の一つである。十人や八人ではなく、千人、万人単位で派遣しなければならない」と強調した。この談話は改革以降中国が西側の先進国に留学生派遣を拡大する政策的基礎を築き上げた。1978年８月に教育部は「出国留学生の選抜を増加する通達」を打ち出し、留学生の選抜を高度に重視し、選抜の留学生は大学生、大学院生と研修生が含まれ、専門は主として自然科学分野であると強調した。これは経済改革、近代化建設に早急に必要とした人材を求めていたことにほかならない。

　1980年10月に教育部は出国留学生管理工作会議を開き、「留学生の管理工作会議の状況に関する報告」を決議した。報告では留学生派遣の「重点を突出し、統一的に管理し各方面を配慮し、質を保つ上で出来る限りたくさん派遣し、ここ数年に留学生数の相対的安定を保つ」という方針を明確化した。さらに、はじめて各職場も留学生を派遣することが認められ、派遣計画や選抜方法の改善意見が打ち出された。

　1981年１月に国務院は教育部など７つの部門が合同で打ち出した「私費出国留学に関する暫定規定」を許可した。これは建国後はじめての私費留学に関する政策的文書で、私費留学の性質や私費留学と公費留学の関係などを明確化した。同規定では、「私費留学生は我が国出国留学生の主要な構成部分であり、私費留学生と公費留学生を政治的に一視同仁すべきである」と規定

された。同規定は中国の出国留学事業発展の政策的基礎を築き上げた。始動期の留学政策の特徴は公費派遣を積極的に奨励し、派遣留学の目的性を強化することであり、理工系を重視し、人文社会科学分野を軽視する傾向があった。また、私費留学についても徐々に緩和し、自由化の方向に向かった。これらの政策を受けて、一部の若者は海外へ留学するようになった。1978年に860人の留学生が海外にわたってから、毎年留学生の数は増加し続けてきた。

(2) 拡大期（1984～91年）

　市場経済の導入、経済改革の深化、開放度の拡大、海外との交流がより密接になった。成績の優秀な学生は海外の奨学金を取得することが可能となり、それらを活用して、海外で修士号・博士号を取得しようと、多くの私費留学生が現れた。いわば最初の留学ブームを迎えた。しかし、1989年の天安門事件の影響により、私費留学に対する審査が厳しくなった。

　この時期の留学政策の特徴は公開化と法制化を目指し、留学政策について規定化をした。さらに、中堅の中級職位以上の専門技術者を公費派遣の範疇に入れ、政府が専門技術人材を重視すると同時に、私費留学について大胆に開放し、自由化した。

　政策から見れば、すなわち、1984年に中央政府は「私費留学に関して、大胆に開放せよ」という要求を打ち出した。同年12月に国務院は新たな「私費出国留学に関する暫定規定」を公布し、中国の公民であれば、学歴、年齢と勤続年数の制限なしで皆私費留学を申請することができると規定した。さらに、1986年に国務院は国家教育委員会の「私費出国留学人員の工作に関する若干の暫定規定」の通達（107号文書）を発布した。これは中国がはじめて公開した出国留学教育政策に関する法的な公文書である。同文書では、各国の長所を取り入れる原則を堅持し、基礎学科と応用学科を配慮し、応用学科を重点とし、「按需派遣、保証質量、学用一致（ニーズに応じて派遣し、質を保証し、学習と応用が一致する）」という方針を打ち出した。また、「出国留学人員の工作を改善と強化する若干の問題についての通達」では、公費派遣留学生は質を保証し、研修生と訪問学者を重点的に派遣し、修士課程の大学院生を適宜減少し、博士課程の大学院生を増加し、外国との共同研究や博士の共同育成チャネルを積極的に開拓すると規定されている。

　以上の私費留学の政策緩和によって、1980年代には最初の留学ブームを迎えた。1984年の留学生数は3,073人で、1985年に4,888人に増加し（図1を参照）、

80年代のピークを迎えた。

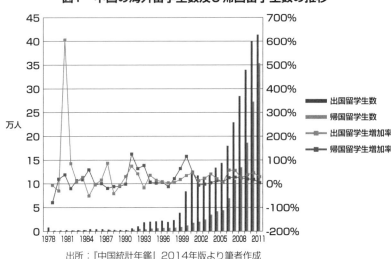

図1　中国の海外留学生数及び帰国留学生数の推移

出所:『中国統計年鑑』2014年版より筆者作成

(3) 規範化期（1992〜1999年）

1992年鄧小平の南巡講話を契機に、改革が一段と深化し、中国は社会主義市場経済体制への移行を国策として導入された。それを受けて高等教育をめぐる環境が一変し、建国以来の種々の慣行の見直しが行われ、高等教育分野の改革による規制緩和と市場原理の導入、開放による諸外国との教育交流、留学生の派遣、受け入れなど、これまでの国家を中心とした硬直的で限定的な留学交流からの大きなパラダイムシフトが見られるようになった。特に1990年代後半以降、国家や所属機関の公的資金（奨学金など）を得て、ごく一部の選ばれたエリートが海外留学、帰国後国家のために奉仕するという従来型の国家主体の留学形態だけでなく、一般市民が個人の資金でより良い教育、就業のチャンスを求めて海外へ乗り出し、私費留学が主流となっていくのである。それ以降、私費留学生の数が年々増加の一途をたどった。

一方、1989年以降、大量の派遣留学生が帰国せず、海外に長期滞在する現象が現れ、一部の人は現行の留学政策に疑問を持つようになった。学業を終え、帰国していない留学生に対してどのように対応するのか、既定の留学方針を堅持すべきかどうかの問題は、当時社会の注目を浴びた。1992年8月に国務院は「在外留学生に関する問題の通達」を発布し、海外滞在中の留学

生に対する国の一連の具体的な政策を述べ、「留学を支持し、帰国を奨励し、往来は自由」を中国の出国留学工作の方針とすることを明確化した。この方針をめぐって、中国は公費派遣留学の選抜管理体制を改革し、私費留学政策に対してさらに調整し、開放し、「帰国して仕事をすることを奨励する」から「海外留学生は様々な形で国に奉仕する」に変更し、顕著な効果を収めた。この時期における留学政策の最重要課題は海外留学生の帰国促進、特に優秀な海外留学生の帰国促進であり、それに関連して一連の帰国促進政策を打ち出したが、当時の帰国者はそれほど多くなかった。

(4) 加速発展期（2000年以降）

21世紀に入ってから、教育への予算増加、経済力の向上により、一般家庭の所得が急速に上昇し、多くの家庭にとって、こどもの海外留学が手の届くものとなってきた。国内の競争の激化、学歴社会の進行に伴い、多くの若者が私費留学を通して競争力を強めようとした。そのため、留学の若年化、大衆化の傾向がより一層顕著になった。

以上の背景の下で、中国は留学政策を改革し、留学は快速発展期に入った。まず、国家建設と発展の実際のニーズに応じて若干の専門プロジェクトを設立した。2000年に国家留学基金委員会は「重点大学の学部長、研究所もしくは実験室の中堅の出国研修プロジェクト」を設立した。2002年に中国の経済発展及びWTO加盟後人材の需要に基づいて、情報、バイオテクノロジー及び経済、法律分野の支援定員を増やした。「高級研究者・学者」の級別を設け、助成金を大幅に増加した。2005年に国家留学基金発展委員会は出国選抜の規模をさらに拡大し、助成の形式も多様化した。

次に、2003年から公費派遣留学の助成金を引き上げた。2002年12月13日に教育部と財政部は合同で「国家公費派遣留学人員奨学金の助成基準の調整」の通達を発布し、現行の基準を平均して44%引き上げ、88の国と地域にかかわる。また、教育部は「私費留学に関する問題の通達」を発布し、私費留学政策をさらに緩和した。WTO加盟後、中国教育部は短大卒以上の人に対して私費留学の審査手続きを簡素化し、大学在学生や短大卒以上の服務期限が過ぎていない人が私費留学を申請した場合、「高等教育育成費」を徴収せず、上述の人に対して「私費留学資格審査」を行わなくなった。

私費留学政策の更なる緩和により、2000年代に入ってから、空前の海外留学ブームを迎えた。中国国家統計局の統計によれば、2000年の出国留学生の

3万8989人で、2001年に8万3973人まで増加し、2002年にはじめて10万人を突破し、さらに2011年に30万人を突破し、2013年の留学生数は413,900人に上った。

3．留学生の人材招致政策

(1) 帰国促進政策（1990年代）

　グローバリゼーションの進展に伴い、企業間競争が益々激しくなり、企業間競争はグローバル競争に変身しつつある。さらに、21世紀はハイテク技術を中核とする知識経済の時代で、国の総合国力と国際競争力が益々教育や科学技術によって決まるようになった。こうした背景の下で、中国は持続的経済発展を実現し、先進国にキャッチアップするために、海外にとどまっている優秀な人材が貴重な存在であり、いかに海外留学組を帰国させて活用するかが大きな政策課題として浮上してきた。したがって、「海帰族」（海外から帰国した人）を呼び戻すことが重要な国策として位置付けられた。

　1990年代半ば頃から、中国では、海外から優秀な研究開発人材を招聘する「海外人材呼び戻し政策」が数多く実施された。研究者を対象に、「百人計画」や「長江学者奨励計画」など、「海外人材呼び戻しプログラム」を通じた様々な優遇制度を設けている。

　中国科学院で実施された「百人計画」は、中国で最初に開始された人材招致・育成策である。その対象は主に海外で准教授以上またはそれに相当するポストにつき、しかも研究している学科分野に造詣が深く、国際的にも高い知名度と重要な影響力を持つ者である。「百人計画」は1998年より「海外傑出人材導入計画」と「国内百人計画」に分けられ、2001年に「海外知名学者計画」が追加された。任期は3年で、処遇は「海外傑出人材」と中国科学院以外の「国内人材」には、給与、医療保険、手当のほかに、科学研究費、器機設備および住宅手当を含む経費200万元、「海外知名学者」と「中国科学院内部からの人材」には、100万元の経費が支給される。

　「百人計画」が実施されてから20年が経った。2013年末まで、同計画は優秀な人材2145人を招致し、招聘当時の平均年齢は37歳である。90％以上の人材は海外留学や就業の経験があり、主として欧米などの先進国から帰国したもので、3分の1近くは世界有名な大学100校、および有名な研究機関59か所から来たものである。同計画に入選した者のうち、中国科学院あるいは

工程院院士28人、「国家傑出青年科学基金」獲得者524人が選出された。また、「973」、「863」など国家重大科学技術プロジェクトの首席科学者を多く輩出した。さらに、多くの科学技術研究成果や技術突破を獲得した。2005〜2013年に院士によって選出された92項目の年度国内十大科学技術進歩において、13項目の研究成果が入選し、全国の14.1%を占めている。2013年度国家自然科学一等賞を獲得した鉄系高温超電導プロジェクト研究チーム5人の主要メンバー中2人が「百人」入選者である。IPS細胞全能性証明、異常量子ホール効果の発見とニュートリノの第三種の振動モデルの発見など、「百人」によって完成した重大な研究成果は国際において大きな影響力を持っている。2008-2011年に中国科学院で発表した国際的高水準の論文上位1%のうち、「百人」の論文数は41%を占めている。(白、2014)

　一方、ベンチャー企業を成功させ、億万長者になる夢を抱える留学生に、「留学人員創業園」をはじめ、様々な優遇政策が実施され、帰国者の起業をサポートするようになった。上記の政策的支援の実施に伴い、海外留学生が帰国して研究職につく人や自ら創業する人が増え、一定の効果を収めたが、帰国者は出国留学生数と比べて伸び悩んでいる。2000年代に入り、中国はWTOに加盟し、国際間競争も一段と厳しさを増してきた。国際競争力を高めるために、中国政府は優秀な海外留学経験や就業経験のある人材を呼び戻すのに一層力を入れ、新たな海外人材招致政策を次々と打ち出した。

(2) 新たな帰国促進政策・事業（2000年以降）

　2001年に開かれた第九回全国人民代表大会第4回会議で採択された「国民経済及び社会発展に関する第10次五カ年計画」では、人材の育成と確保を重大な国家戦略とした上で、従来の中国人の海外留学方針を堅持すると同時に、留学生の帰国就業・創業を奨励し、積極的に海外の優秀な人材を惹きつけることが示された。

　2001年5月に人事部、教育部、科学技術部、公安部と財政部は合同で「海外留学生が多様な方式で国に奉仕することを奨励することに関する若干の意見」を公布し、海外で教育を受けた優秀な人材の帰国奨励を促す政策を具体化し、海外留学生の国に奉仕する活動形態について、より柔軟でかつ具体的な支援策を打ち出した。主な内容は以下の7点に集約できる。①海外留学生が中国国内の高等教育機関や研究所、国家重点（開放）実験室、工業技術センターならびに各企業、事業単位等の招聘で専門技術職、顧問ないし名誉職

を兼任することを奨励し、博士号取得者は国内のポスドク、科学技術ステーションポスドクになることができる。②海外留学生は先進的な科学技術、設備と資金などの条件を利用し、国内の大学や研究所、企業などと研究協力をすることを奨励する。研究活動は国外で行うほか、中国国内に長期ないし短期帰国して行うことも可能であり、さらに国内外で研究開発協力基地を設けることを奨励する。③海外留学生に対し国内の研究委託を受け入れ、海外で研究開発することを奨励し、国内の研究機関に委託し、国外の科学研究プロジェクトを受け入れることも可能である。④海外留学生がその特許や技術、科学研究成果に基づいて中国国内で起業や投資を行うことを奨励する。⑤海外留学生が国外の研究所や教育訓練機関と国内の関連機関との協力や委託のもとに国内の人材育成に寄与することを奨励する。⑥海外留学生が中国西部地域の開発のために、技術導入や調査、企業活動、技術交流活動を行う場合には、国家の規定に照らして資金援助を含めそれを奨励する。⑦海外留学生による外資や技術の導入に関する仲介サービスや、諸外国の専門家を招聘しての各種学術交流活動、科学技術関係の国際交流や協力強化、中国製品の国際市場への販売展開業務の仲介サービスを積極的に奨励する。

　さらに、海外留学生の国に対する奉仕活動を支援するために、以下のような政策的保障を明確化した。①世界的先進レベルのある技術分野や国際競争力のある共同研究開発プロジェクトの資金援助、②国際社会の慣例に即した報酬の支払いや仲介方法の導入、③各部門や機関は専用基金を設けて留学生の活動に資金援助を行う、④海外留学生の専門知識、技術特許や研究成果などの知的財産権の保護、⑤起業の際の企業登録や不動産関係などの各種法的手続きの簡素化と優遇措置、⑥海外との間を頻繁に往来する人員や外国籍の帰国留学生のために、その家族も対象とした最長5年までのマルチビザの発行、あるいは期限なしの外国人居住証の発行、ならびに海外永住権の帰国留学に対して中国国内での不動産購入、子女教育や就業面での中国国民と同等の待遇の保障、⑦海外留学生が国内で起業したり、共同研究開発基地を設立したりする際に、大卒以上の人材を招聘する場合、各地の人事部門は積極的に支援し、人事代理サービスを行う。

　また、2006年11月に人事部は「留学人員の帰国就業に関する第11次5カ年計画」を発表した。同「計画」では、これまでの海外留学生の帰国促進事業、特に優秀な留学人材の帰国促進事業および海外のハイレベルな人的資源の開発、活用が不十分で、ならびに留学人材の研究や創業への資金援助が不十分

であると指摘し、ハイレベルな留学人材の帰国促進事業は人材強国戦略であるとした上で、これからは15～20万人規模の海外留学生の帰国を目指し、海外留学人材の帰国促進事業をさらに強化することを明らかにした。

続いて2007年に「海外の優秀な留学人材の招致活動をさらに強化することに関する若干の意見」(2007年)、2011年に人的資源・社会保障部は「留学人員の帰国創業を支持する意見」を打ち出した。同「意見」では、留学生が特許、科学研究成果、専有技術などを持って帰国して創業することを大いに支持するとともに、留学生の帰国創業に対して融資や減免税、家族の就業、子女の就学などの優遇措置を与えると規定されている。これより、帰国就業、国に奉仕、帰国創業という三位一体の留学帰国就業を促進する政策システムが形成された。

優秀な留学人材の帰国促進をさらに強化するという国の政策方針の下で、2008年に「千人計画」という海外のハイレベルな留学人材の招致計画が打ち出された。2008年12月に中国共産党中央政府弁公庁は「中央人材工作協調小組（チーム）の海外ハイレベル人材の招致計画の実施に関する意見」を公表し、2008年から5～10年間かけて、国、重点イノベーションプロジェクト、重点学科と重点実験室、中央直属の国有企業と国有商業金融機構およびハイテク技術産業開発区において、コア技術を突破し、ハイテク産業を発展し、新興学科をリードできる、ハイレベルな戦略的科学者やリーダーを海外から2000人ほど招致するという目標を打ち出した。

同「計画」への申請条件として、海外で博士号を取得し（国籍は問わない）、かつ海外の有名な高等教育機関、研究機関で教授またはそれと同等レベルのポストに就いているか、または世界の有名な企業や金融機関で上級管理職を経験した経営管理人事及び専門技術職人材であること、または知的財産権ないし核心技術を掌握し、海外で創業した経験があり、関係の産業領域と国際ルールに精通する創業人材であること、年齢は55歳以下で、しかも中国国内で毎年6か月以上の研究活動ができること、が要求される。同「計画」に採用された者には、国籍を問わず、中国の高等教育機関、研究機関、中央直属の国有企業、国有商業金融機関の上級管理職および専門技術職、国家重点プロジェクト、「863計画」、「973計画」、「自然科学基金」などのような国家級の重要科学技術プロジェクトの責任者の要職が用意される。

研究資金に関しては、一括補助金（国家奨励金とみなし、個人所得税が免除される）として、中央財政から一人当たり100万元が支給され、賃金面では、

中国に帰国する前の賃金水準を参考に本人と協議した上で賃金額を決定する。このほかにも、医療特別待遇、各種社会保険、住居購入時の居住年限制限の免除、配偶者への就業斡旋ないし生活補助と子女の就学援助といった優遇措置、また、外国籍の者には「外国人永久居住証」(永住権)が、中国籍の者には任意都市の戸籍選択権が与えられる。

4. 人材招致政策の効果、役割

　以上の一連の海外留学生の帰国就業を促進する政策の下で、多くの留学生が帰国し、科学研究機関、大学や企業などで重要なポストにつき、中国の科学技術研究や経済建設に大きな役割を果たした。中国と全球化研究センターが発表した『中国留学発展報告』(2014) によると、ここ10年来、留学帰国の人数は10倍増加し、2013年現在、留学生の帰国者は353,500人に達し、2012年より80,600万人増で、29.5%増加した。さらに、1978年から2013年末までの留学生の帰国者総数は1,444,800人に上り、留学生の帰国者の増加スピードは出国留学の人数の増加速度を上回り、新たな留学生帰国ブームを迎えた。

　海外留学生の帰国ブームを迎えた背景には、いくつかの要素が考えられる。まず第1に、近年、ヨーロッパやアメリカなどの国々では、企業の就業機会が少なくなり、また研究職などは飽和状態になったため、留学生の就職が厳しくなった。第2に、中国経済は著しい発展を遂げ、国内におけるビジネスチャンスは諸外国と比べて多くなってきた。さらに経済の発展に伴い、先端技術や科学研究の人材の需要が高まった。それに、政府は海外人材の誘致政策を相次いで打ち出し、帰国留学生に対して様々な優遇政策を与えた。第3に、近年の留学生は一人っ子が多く、父母がその帰国を望んでいることが多い。『中国海帰発展報告』(2013) では、90.9%の海外留学生は両親と遠く離れたくないため帰国した、78.4%の留学生は中国国内におけるキャリアの発展に自信があるため帰国した、66.7%の留学生はより良い文化生活が享受できるため帰国したことが明らかになった。

　また、同報告によれば、2012年末まで、中央レベルの「千人計画」では3,319人の海外ハイレベル人材を招致し、各地各部門が招致した海外ハイレベルの人材は数万人に上った。全国で建設した海外ハイレベル人材招致基地は112で、留学生創業園は260で、1万7千社の企業、創業留学生4万人余り

を受け入れている（王・苗 2013：9）。その中でも、資料の収集可能な173か所の創業園区のうち、76.3％（計132か所）は中国の東部に位置している。さらに、東部上位三位は江蘇・北京と浙江三省で、合計で全国シェアの54.9％を占めている。2000 年以降に設置された創業園区は76％を越えている。創業園区に入居した企業は主に電子・生物・医薬などのハイテク技術産業に集中していて、数多くの人材や頭脳や技術や資金を引き寄せて、地方経済の建設に役に立っており、産業構造の向上に極めて重要である。

　さらに、教育部の調査によれば、現在、教育部直属の大学の学長80％、中国科学院と中国工程院の院士の81％、「長江学者」の95％、国家「863計画」の主席学者の80％が海外からの留学生である（潘 2011：81）。以上のデータで示したように、2000年代以降の一連の海外人材招致政策の実施は一定の効果を収め、多くの海外留学生が帰国して、科学技術、教育、金融、電子産業など様々な分野で中国の経済発展に大きく貢献している。

5．おわりに

　本章で述べてきたように、中国の留学政策は、改革・開放の始動から、1992年の社会主義市場経済への移行と、中国の社会・経済体制の変化、及び中国をめぐる国際情勢の変化など、国内外の状況を踏まえて柔軟に対応しつつも、一貫して国家発展戦略の１つとして明確に位置づけられている。改革・開放以降、公費派遣を中心とした政策から、私費留学の完全自由化へと変化するとともに、中国人の生活レベルの向上に伴い、海外留学は空前のブームを巻き起こした。さらに、2000年以降、政府の海外人材招致政策の積極的な推進に伴い、帰国留学生の数は年々増加し、ここ５年来、帰国留学生の総数は80万人に達し、改革開放以降30年間の３倍になった。特に2012年の帰国者は前年比46.57％増であった。このことから、中国は「頭脳流出期」から「頭脳還流期」に入ろうとしていることを物語っている。帰国した留学生は中国の大学教育の質の向上、科学技術の進歩など、様々な分野において大きな役割を果たしている。

　王輝耀（2007）は「海帰」が中国に対する貢献は主として以下の３点であると指摘した。１つ目は、「海帰」は帰国して創業し、中国の新経済・新技術、通信、メディア等の分野の発展及び伝統産業の発展を促進した。２つ目は「海帰企業の中に数多くの重要なイノベーションプロジェクトが行われ、

「メイド・イン・チャイナ」を「ビルド・イン・チャイナ」への転換を促した。3つ目は「海帰」はその文化経験、人文精神及び国際的人脈などのネットワーク等の影響により、中国と世界がリンケージする触媒となった。また、陳（2014）の調査によれば、帰国した留学生の64%は研究機構に就業しており、帰国して創業するのはわずか9%である。以上の現状を鑑みれば、今後中国は海外人材の誘致にさらに力を入れ、特に海外留学生の創業に対する政策的・資金面での支援をさらに拡大し、「海帰」が創業しやすい環境を整備し、多くの海外留学生が帰国することを奨励するのが喫緊の課題であろう。

[参考文献]
・陳怡安 2014「中国海帰人材的現状及其技術効応分析」『中国人力資源開発』2014年第16期、91-97頁。
・賈江濤、蘆義婷 2012「中国留学政策発展與演変」『中国信息報』2012年8月17日、http://www.zgxxb.com.cn/jsdk/201208170007.shtml
・潘晨光主編 2011「中国人材発展報告」社会科学文献出版社。
・杉村美紀 2003「中国における国家発展戦略としての留学政策」『東洋文化研究』5号、2003年3月、67-90頁。
・王輝耀 2007「留学人員対中国発展的作用與貢献」『留学生』2007年第2期、44-47頁。
・王輝耀、苗緑編著 2013『中国海帰発展報告（2013）』社会科学文献出版社。
・許海珠（2011）「中国の人材政策——留学政策を中心に」白木三秀編著『チェンジング・チャイナの人的資源管理』白桃書房。
・中国與全球化研究中心編 2014『中国留学発展報告2014』社会科学文献出版社。
・中国科学院ホームページ（2014年12月1日）白春礼「『百人計画』二十年回顧与思考」。
http://www.cas.cn/zt/sszt/jnbr/yw/201412/t20141201_4265535.shtml。
・中華人民共和国教育部ホームページ（2015年2月6日）http://www.moe.gov.cn/
・中華人民共和国国家統計局ホームページ（2015年2月10日）http://www.stats.gov.cn/

（Tang Yanxia）

第12章

韓国の移民政策
移民送出国からの移民受入れ国へ変貌

張元皓
ソウル市立大学都市社会学科教授

崔佳英
東京大学大学院国際社会科学専攻博士課程

1. はじめに

　一つの民族 一つの血筋という言葉はいうまでもなく、韓国が多文化社会に変貌しているという話ももう飽きてくるようになった。元々、韓国人に外国人とは、異邦人であり、立ち寄る観光客または労働者であった。しかし、今は自分の隣人同僚として韓国で生活する外国人の数が相当多い。これは、韓国社会には、既にさまざまな文化圏からの移住者たちが生活しており、韓国は多文化社会の姿を備えていることを反証する。

　韓国社会が多文化社会に急変することにより、外国から流入した移住者たちに対する多様な政策が施行された。しかし、その当時は、外国から来た国内の移住者を労働者と捉える見方が多数であった。それに応じて移住者をどのように韓国社会に適応させるか、韓国社会がどのようにこの人たちを受け入れるかより、移住者をどのように"管理"すべきかの議論から出発した移民政策をとる傾向があった。

　しかし、結婚のため移住する者の増加と、多文化家庭の増加に伴い、移住者を一時的な滞在者ではなく、ともに生活をしていく人と認識し始めた。これにより、政策の樹立において、"外国人労働者政策"に限った政策から、結婚移住者、留学生、専門人材まで包括する政策へと変化している。

　本稿では、移民送出国からの移民受け入れ国に変貌した韓国社会の移民史を振り返り、現在の移民政策について説明する。そして、更に発展した移民

政策を講じるための方案の模索を試みる。

2. 韓国の移民動向の変化

　大韓民国政府の成立以前にも、移民の送り出しは引続き行われた。1948年以前の国外移住者は、中国、日本、独立国家連合等に移住する傾向があった。これは当時、韓国が政治的・経済的混乱期であり、これによって発生した流民たちが暮らしのために移住した結果であった。

　1948年、大韓民国の成立以降にも、移住者というとほとんど韓国から国外に移住する人々を指す言葉であった。60年代から70年代初期はドイツに移民する鉱夫と看護婦が多かった。これはドイツ政府が労働力の不足を解決するために韓国政府に要請した結果であった。1970年代からは、中東での建設ブームにより、多くの労働者たちが中東に移住した。特に1965年、アメリカが移民法を改正し、アジア系の移住者を受け入れ始めるとともに、アメリカに移住する韓国人も増加した。

　このような韓国における移動の現象は、1980年代前半までは主に出稼ぎのための国内から国外への移動であったが、1980年代末から海外から韓国への外国人労働者の受け入れが始まった。その最大の要因は、1970年代から80年代にかけて続いた経済成長であった。持続的で急速な経済成長は国内労働市場の賃金上昇と労働力不足を引き起こした。それまで農村部から移住してきた低賃金の労働力に頼っていた産業は、経済発展による都市部の生活水準の上昇（生活費の増加）と民主化運動・労働運動の結果とも言える賃金の上昇や労働環境の改善という流れの中、深刻な労働力不足を経験することになった。当時に実施された政府による200万戸住宅建設事業は人手不足をさらに深刻化させ、全産業の労働力不足率が1991年には過去最高値の5.48％を記録した。また、韓国への外国人労働者の移住が可能になった背景として、1988年ソウルオリンピック開催時のビザ免除協定採択による入国審査の簡便化など出入国管理の規制が緩和されたことも挙げられる。こうして韓国は、1980年代に経済的目的で移動しようとする発展途上国の人々の移住の目的地として浮上したのである。

　1987年から増加し始めた韓国の外国人労働者数は、1990年代以降になると経済目的で訪問、または観光ビザで入国した「未登録」外国人労働者の急激な増加をみた。政府は未登録外国人労働者の急増と国内の労働力不足の深刻

化を解決するため、1993年から発展途上国に対して技術移転の名分で外国人労働力を「労働者」ではなく「研修生」として受け入れる「産業技術研修制度」を導入した。これによって14～15カ国から外国人研究生を公的に受け入れることとなった。当初、研修生を短期間滞在させ、一定期間が過ぎると帰国させることで、外国人労働力の導入からくる社会的問題の発生を最小限にする意図があったが、かえって未登録の外国人労働者を増加させる結果となった（Seol 2001：57-58]）。また、未登録の外国人労働者に比べても、研修生は賃金や人権保護の面で劣悪な待遇であったため、研修生の作業場からの逃走を促すことになった。

　このような人権の侵害や、ブローカーの不正行為、「不法滞在」など「産業技術研修制度」の問題が深刻になったため、韓国政府は2004年8月から単純技能職の外国人労働者が3年間「労働者」として就労できる「雇用許可制度[*1]」を実施した。国内で労働力が確保できなかった企業に適正規模の外国人労働者を合法的に雇用することを許可し、政府が外国人労働力を導入・管理する制度である。これを通し外国人労働者の効率的な管理体制を構築しつつ国民の雇用機会を保護し、3K業種などの中小企業の労働力不足の解決を目的としている。しかし、雇用する側の都合から制定された雇用許可制度は、原則的に仕事場の移動が不可能で、3年期限の雇用期間という短期ローテーション型であることから、「不法滞在」外国人労働者問題の解決にはつながらなかった。

　一方でこうした外国人労働者が流入、他方では1990年代中旬から国際結婚を契機に韓国へ移住する女性移住者が増加し始めた。都市化による農村の結婚問題はその解決策として国際結婚が浮上し、アジアの花嫁をとの結婚を仲介する会社が登場するようになった。また、自治体の韓国男性と東南アジア女性の結婚を促す「農村地域男性結婚促進」運動の影響、国際結婚仲介業の盛行によって、1991年には5,102件に過ぎなかった国際結婚件数は、1995年13,494件、2000年12,319件、2005年43,121件と増加し、1991年は結婚全体のうち1.2％であった国際結婚の比率は、2005年には結婚全体のうち13.6％にまでなった。特に、農村地域の国際結婚の比率は35.9％まで達した（崔2012、韓国統計庁 2014）。

＊1　雇用許可制度による外国人労働者は、最低賃金の保障、社会保険、健康保険、労働3権が保障される。

表1　在留資格別外国人の現況（2011年12月31日現在）

区分	総滞留者	合法滞留者	未登録外国人
総計	1,395,077	1,227,297	167,780
ビザ免除（B-1）	36,639	20,547	16,092
観光通過（B-2）	88,976	71,673	17,303
短期商用（C-2）	19,377	3,304	16,073
短期総合（C-3）	68,104	36,894	31,210
短期就業（C-4）	679	466	213
留学（D-2）	68,039	63,823	4,216
産業研修（D-3）	4,324	1,733	2,591
一般研修（D-4）	36,819	32,142	4,677
宗教（D-6）	1,592	1,534	58
駐在（D-7）	1,646	1,625	21
企業投資（D-8）	7,405	6,763	642
貿易経営（D-9）	4,472	4,397	75
教授（E-1）	2,474	2,468	6
会話指導（E-2）	22,541	22,435	106
研究（E-3）	2,606	2,599	7
技術指導（E-4）	202	199	3
専門職業（E-5）	629	614	15
芸術興行（E-6）	4,246	2,800	1,446
特定活動（E-7）	14,397	13,149	1,248
非専門就業（E-9）	234,295	189,190	45,105
船員就業（E-10）	9,661	6,629	3,032
訪問同居（F-1）	45,092	38,503	6,589
居住（F-2）	138,418	128,203	10,215
同伴（F-3）	17,607	17,106	501
在外同胞（F-4）	136,702	136,104	598
永住（F-5）	64,979	64,979	0
訪問就業（H-2）	303,368	299,710	3,658
その他	59,788	57,708	2,080

出典: 法務部出入国・外国人政策本部（2011年）。

3．韓国内への移民の現状

　韓国の出入国管理法による外国人の在留資格は31種類に分けられて、資格別の外国人の国内活動の範囲と、在留期間を規定している。B系列とC系列在留資格は90日以下までの短期滞在が可能で、D，E，F，G，H系列の在留資格は、90日以上の滞在ができる。この中で、90日を越えて国内に滞在する外国人は国内への移住者で、90日を越えて海外に在留する韓国人は国外への移住者として分類される。

　2011年現在、90日以上韓国に滞在している外国人登録者数は、1,094,413人である。その中で、訪問就業者が約30万と最も多い数を示しており、続いて「非専門就業者」、「在外同胞」としての滞在が多い。訪問就業ビザ（H-2）とは中国・独立国家連合地域（CIS）の出身の25歳以上の外国籍の同胞に発行される在留資格である。訪問就業の資格で入国したものは、就業教育終了後、求職申請を行うことで「雇用支援センター」での求人紹介や、特例雇用可能確認書を受けた事業体での業が可能であり、職場の変更も変更事実の申告で自由にできる。

　訪問就業制が導入されるまでは、韓国に縁故のない中国、独立国家連合出身外国国籍同胞は、韓国への入国が困難であった。しかし、訪問就業制が導入されると共に、韓国への入国が可能になり、国内在留外国国籍同胞が急増した。2007年に訪問就業制が導入されたが、その当時は13万人であった中国、独立国家連合出身外国国籍同胞は2009年12月31日現在、303,368人と国内で最も大きい移住者グループを形成している。訪問就業制による在留資格を経て現在韓国に滞在しているものの出身国別の内訳は以下のとおりである。

表2　訪問就業ビザ（H-2）取得者の国籍別現況（2011年12月31日現在）

区分	中国	ウズベキスタン	ロシア	カザフスタン	その他
取得者の数	293,132	7,610	1,932	465	229
比率（％）	96.6	2.5	0.6	0.2	0.1

出典：法務部出入国・外国人政策本部（2011年）。

　訪問就業ビザを取った入国者の96.6％が中国出身であり、その他、独立国家連合出身はそれに比べると少ない。中国同胞たちは韓国語を使った意思疎通が可能であり、韓国での就業が有利な反面、独立国家連合出身者は韓国語

能力が比較的に低いため、このような差が発生すると思われる。H-2ビザ保持者以外に大きな外国人集団を形成しているのは、非専門就業ビザ（E-9）保持者である。

「雇用許可制度」によって発給される在留資格であるE-9は、政府による民間部分の労働需要を把握し、発給が行われる。雇用許可制によって入国した外国人労働者は、常時勤労者300人未満、または資本金が80億円以下の中小製造業、農畜産業、近海漁業に就業できる。就労可能期間は3年であり家族の同伴は原則的に禁止されている。就業期間満了の前に、雇用者が再雇用の許可を申請すると、外国人労働者は1回限定で2年未満の滞在期間の延長が可能となり、韓国内での就労が許可される。E-9ビザを取得する外国人労働者の選定は、政府主導で行われ、民間機関の介入は排除されている。韓国政府と外国政府が国家間了解覚書（MOU）を締結し、外国人求職者の先発条件・主管機関・相互の権利と義務事項を規定している。該当国の政府は締結した基準に適合した勤労者の名簿を作成して韓国政府に送り、雇用労働部が発給する雇用許可書を取得している事業主は、外国人雇用管理システム（EPS）を通じて労働者を雇用するシステムである。

その次に、多数を構成する移住者グループは、結婚を契機に韓国に移住する「結婚移住者」である。その数は約14万人程であり、初期の「結婚移住者」は主に結婚あっせん会社を通じ農村地域の韓国人男性との結婚のために入国する東南アジアからの花嫁であった。現在も、「結婚移住者」の大多数は韓国人男性と結婚する外国人女性である。これは、韓国の経済的位置の上昇と国家間の経済格差がその背景にあり、近年は、韓国内で働いてる外国人労働者と結婚のする目的で入国する場合も増えているためである。

表3　年度別結婚移住者の動向

年度	2001年	2002年	2003年	2004年	2005年	2006年	2007年	2008年	2009年	2010年	2011年
結婚移住者の数（人）	25,182	34,710	44,416	57,069	75,011	93,786	110,362	122,552	125,087	141,654	144,681
増加率（%）	-	37.8	27.9	28.5	31.4	25.0	17.7	11.0	13.3	28.4	31.1

出典: 法務部出入国・外国人政策本部『2011出入国・外国人政策通計年報』。

国内在留結婚移住者の数は2002年以後、毎年28％以上の高い増加率を見せていたが、2007年からその増加率が低下した。2009年には、結婚移住者の国籍のある国の国際結婚制度の見直しなどの影響で、その増加が顕著に減少

し、2011年には国際結婚の健全化のため結婚移住ビザを発給審査強化などの措置で増加率が下落した。2010年には、韓国国内での国際結婚希望者の増加や、各国の国際結婚制度の正常化により、前年度の2009年に比べ13.2％程増加したが、2011年度では再び増加率が鈍化した。

表4　結婚移民者の国籍別性比

区分	総計	男性	女性	男性の比率	女性の比率(%)	国籍別構成比率(%)
総計	144,681	19,650	125,031	13.6	86.4	100.0
中国	64,173	11,455	52,718	17.9	82.1	44.4
ベトナム	37,516	181	37,335	0.5	99.5	25.9
日本	11,162	1,010	10,152	9.0	91.0	7.7
フィリピン	8,367	227	8,140	2.7	97.3	5.8
カンボジア	4,583	6	4,577	0.1	99.9	3.2
タイランド	2,603	42	2,561	1.6	98.4	1.8
アメリカ	2,410	1,808	602	75.0	25.0	1.7
モンゴル	2,393	59	2,334	2.5	97.5	1.7
ウズベキスタン	1,840	52	1,788	2.8	97.2	1.3
ロシア	1,319	70	1,249	5.3	94.7	0.9
カナダ	1,158	1009	149	87.7	12.9	0.8
ネパール	840	135	705	16.1	83.9	0.6
パキスタン	720	669	51	92.9	7.1	0.5
その他	5,597	2927	2,670	52.3	47.7	3.9

出典: 法務部出入国・外国人政策本部『2011出入国・外国人政策通計年報』。

　韓国での国籍別国際結婚係数の内訳を見てみると、中国籍が全体の44.4％と最大を占めている。ベトナムは25.9％、日本が7.7％、フィリピンが5.8％で多数集団を形成している。性別では、女性が125,031人で、結婚全体移住者の86.4％を占有している。男性は19,681人で13.6％。1980～1990年代までは、宗教団体を通じた日本女性の入国がかなりの数を占めた。しかし、2000年代初期から中国、フィリピン国籍の結婚移住者が増加し始め、近年では、ベトナム、カンボジア、モンゴル、タイ等多様な国家から結婚移住者が流入している。

4. 韓国の移民政策

(1) 出入国または在留資格関連法令
1) 外国人勤労者の雇用等に関する法
　2003年に制定され、韓国に滞在する外国人労働者の入国許可と管理を規定する法案である。これを基に、2004年より「外国人雇用許可制」が導入されるようになった。
　外国人労働者に関する事項を管理し、審議・議決する「外国人力政策委員会」の設立の根拠となるものでもあり、外国人労働者の保護に関する内容も規定している。
　雇用主による外国人労働者への不当な差別を禁止し（22条）、外国人労働者に無償医療支援、文化行事の開催、求職活動の支援を提供する機関、または団体に国が支援主体になる事ができると（24条）、明示している。雇用主の義務として、賃金の未払いの防止の為に保証保険（23条）と外国人勤労者の出国の時、退職金支給の為の出国満期保険加入（13条）を指定している。外国人労働者の義務、疾病・死亡に備える傷害保険（14条）と帰国の時にかかる費用充当の為の帰国保険（15条）、これら2つの保険に加入する事を示している。
　この法案は訪問就業（H-2）ビザ保持者のための特例を示している。一般外国人は就業ビザで入国しなければ韓国での就業が禁じられているが、訪問就業ビザ保持者の在外同胞は入国後、16時間の就業教育を受けるだけで就業が可能になる。就業教育は韓国語または韓国文化の理解、雇用許可制、勤労基準法等の関連法令と韓国での生活の適用に必要な事項に基づいている。

2) 在外同胞の出入国とその法律的地位に関する法
　「在外同胞の出入国と法律的地位」に関する法は、海外に居住する「在外同胞」に関する法律であり、在外同胞を在外国民（韓国籍の者）と外国籍同胞に分類している。「在外国民」とは、大韓民国の国民として外国の永住権を取得した者、または、永住する目的で海外に居住する者をさす。「外国籍同胞」とは、大韓民国の国籍を保有していた者、または、両親のいずれか、または、祖父母の中に大韓民国の国籍を保有していた者がいて、外国籍を取得した者を意味する（2条）。「在外同胞法」は、在外同胞が大韓民国内で、不当な規制や処遇を受けられないよう規定し、韓国内での、社会秩序または

経済安定を脅かさない範囲の中で自由に経済活動ができることが定められている（4条）。但し、出入国管理法施行令23条により、日用職等の単純労務行為は禁止されており、「射倖行爲」、「またはその他、善良な風俗を害する行為」や、「その他公共の利益または国内就業秩序等の維持の為に、その就業を制限する必要が有ると認定される場合」はかれらの就業を制限する事ができる。在外同胞が韓国に90日以上滞在する場合は、各種財産の取引（不動産、金融）において、韓国人と同等の権利を付与し、国民健康保険の適用を保障している。

〈高麗人同胞の合法的滞在資格取得または定着支援の為の特別法〉

　1860年代から1945年8月15日まで、旧ソビエト連邦令（独立国家連合）に移住し、現在、該当地域に居住している高麗人とその親族を支援する為に制定された法である。この法では、韓国政府が高麗人同胞の合法的滞在資格取得または生活の安定を支援する政策を作り、実行すべきと規定している（3条）。その他にも、高麗人の居住国での経済的自立基盤を設け、韓国語の教育、文化活動支援に対する事業遂行を規定している（6条）。

　3）　国籍法：帰化制度の簡易化と複数国籍の許容

　韓国の国籍法は、基本的には血統主義を採択している。1997年より「父系血統主義」から「父母両系血統主義」に改正され、「父または母が大韓民国の国籍のもの」が出生と同時に韓国籍が付与される。また、国籍法では、外国人の韓国国籍の取得要件を規定している。ここでは、韓国の移民統合政策に焦点を当て、帰化による外国人の韓国籍取得、2010年改正の「複数国籍」制度に注目する。

　2010年までの国籍法では、大韓民国の国籍を取得した外国人は、韓国籍の取得した日から1年以内に外国籍を放棄することが義務付けられていた。しかし、2010年5月に改正され2011年1月1日より実施された国籍法では、韓国国内での外国籍の行使を（の）放棄を誓約したものに限り複数国籍が認められている（10条）。ただし、複数国籍の許容対象者とは、帰化した外国人の中で以下のような項目に相当する場合のみに限定されている。①結婚移住者で、指定する期間の間に婚姻した状態で韓国に居住した者、②大韓民国に特別な功労がある資格として特別帰国した者、③科学・経済・文化・体育など、特定分野で優秀な能力を保有する者で、大韓民国の国益に寄与することが期待されると認定され、特別帰国した者、④本人の意思にも関わらず、外国の法律または制度により、外国国籍の放棄が困難な者である。また、外国

表5 帰化の要件（申請日時点、大韓民国に住所地がある人に限定する）

分類	国籍取得要件		複数国籍
	居住期間	資格	
一般帰化	連続5年以上	・大韓民国「民法」上の成年 ・品行の端正な者 ・自身の資産と機能、または生計を共有する家族に依存し、生計を維持する能力を持つ者 ・国語能力と大国民国の風習に対する理解等、大韓民国の国民として基本的素養を持つ者	不可
簡易帰化	連続3年以上	父または母が大韓民国の国民だった者	不可
		大韓民国で出生した者であり、かつ、父、または母が大韓民国で出生した者	不可
		大韓民国国民の養子で、入養当時、大韓民国の民法上の成年であった者	不可
	連続2年以上	大韓民国国民と婚姻した状態で、大韓民国に1年以上継続的に住所を持つ者	許可
		大韓民国国民と婚姻した状態で、大韓民国に住所を持つ間に、婚姻相手の死亡、失踪、またはその他自身に責任がない理由で、正常的婚姻生活ができなかった者で、2年の期間を満たし、法務部長官が認定する者	不可
		大韓民国国民との婚姻により、出生した未成年の子女を養育し、または養育すべきの者で、継続的韓国居住期間2年を満たし、法務部長官が認定する者	許可
	連続1年以上	大韓民国国民と婚姻し、婚姻状態で3年が過ぎ、大韓民国で継続的に1年以上住所を持つ者	不可
		大韓民国国民と婚姻し、婚姻状態で3年が過ぎ、大韓民国に住所を持つ間に、その婚姻相手の死亡、失踪またはその他、自身に責任がない理由で正常的婚姻生活ができなかった者で、1年の期間を満たし、法務部長官が認定する者	不可
		大韓民国国民と婚姻して3年が過ぎた者で、婚姻により出生した未成年の子女を養育し、または養育すべきの者で、継続的韓国居住1年の期間を満たし、法務部長官が認定する者	不可
特別帰化	なし	父、または母が大韓民国の国民である場合	不可
		大韓民国に特別な功労がある者	許可
		科学・経済・文化・体育など、特定分野で優秀なる能力を保有する者で、大韓民国の国益に寄与することが期待されると認定される者	許可

出典: 法制處 国家法令情報センター。

籍同胞の場合は、①成年になる前に、外国籍者の養子となり外国国籍を取得した後、韓国国籍回復許可を受けた者、②外国籍同胞で、満65歳以後、国籍回復許可をもらった者である場合に複数国籍が許容されている。

　国籍法による外国人の帰化には一般帰化、簡易帰化、特別帰化の３つの分類がある（5条、6条、7条）。以下の表５は、韓国籍の取得要件と複数国籍の可否についてまとめたものである。

(2) 在韓外国人の権利保障に関する法律

1) 在韓外国人処遇基本法

　在韓外国人処遇基本法は、在韓外国人の急増現象に応じて　韓国に滞在する外国人の処遇を規定する基本法であり、1条においてその目的を、「在韓外国人に対する処遇などに関する基本的事項を定め、在韓外国人が大韓民国社会に適応し個人の能力を十分に発揮できるようにし、また、大韓民国の国民と在韓外国人がお互いを理解し尊重する社会環境をつくり大韓民国の発展と社会統合に供すること」と明記している。当法は、外国人と多文化家族に対する差別の防止や支援、そして難民の処遇と支援、一般大衆の多文化についての理解を増進する為の法令が包含される（在韓外国人処遇基本法14条、18条）。

　多数の地方自治体では、「在韓外国人処遇基本」を基に「居住外国人支援に関する条例」の設置が行われた。各地方自治体によって、その内容の差異はあるが、行政安全部が2006年10月に準備した標準条例案を基本として制定されたのでその差異は少ない。条例の主なる内容は、居住外国人が一般住民と同一に地方自治体の公共施設、各行政サービスの利用の保障である。

　在韓外国人処遇基本法は、在韓外国人（「大韓民国の国籍を持たない者で大韓民国に居住を目的とし合法的に滞在している者（在韓外国人処遇基本法２条）」、と12条において「結婚移住者とその子女」の大韓民国への適応のための支援体制を規定している。

　しかし、対象範囲を「合法的」滞在者と限定していることから、未登録滞在者（超過滞在者）である外国人労働者やその子女が支援対象から排除されていることが指摘されている（チョサンギュン他 2008, 李ジョンユン 2010）。

2) 多文化家族支援法

　2008年に制定され、多文化家族の安定的生活の保障のため、政府と地方自治体での支援体系の構築を規定している制度である。

多文化家族支援法2条による「多文化家族」とは、在韓外国人処遇基本法2条の「結婚移住者」と大韓民国国民と結婚移住者で構成された家族、または、国籍法3条～4条による帰化や認知によって韓国籍を取得した者と大韓民国の国籍の者で構成された家族であり、多文化家族支援法による支援対象として規定している。同法は、多文化家族に関する理解促進のための、多文化家族に対する社会的差別や偏見を予防し、文化的多様性を尊重する多文化への理解増進のための教育と、広報を行うための支援体制の構築を定めている。また、教育大臣と教育監は「初等・中等教育法2条」・「高等教育法2条」による学校では「多文化家族に対する理解を高める教育を実施するための施策を樹立・施行すべきであることが明記されている（多文化家族支援法5条）。さらに、生活に関する各種情報を提供、社会適応教育や職業教育の支援、各種相談事業、保育・教育支援、家庭内暴力の被害者に対する保護や支援等を規定しており、多くの地方自治体はこれに基づき「多文化家族支援条例」を制定し、事業を実行している。
　多文化家族に対する支援体制を法制度化した点においては重要な意義を占めているが、同法における「多文化家族」とは、大韓民国の国籍を持っているものが含まれる家族のみを指しているため、同法による支援対象から外国人労働者、留学生、脱北者が除かれていることが指摘されている（李ギョンヒ2010、チョサンギュン他2006、李ジョンユン2010）。

3）移住児童の教育権保障に関連する法制度

　1991年に韓国が批准した「子どもの権利条約」に基づき、移住児童の教育権の保障のために、2001年と2003年に初・中等教育法施行令の改正が行われた。2001年には初・中等教育法施行令19条1項の改正により、出入国事実証明書、または外国人登録事実証明書を該当する学校へ提出することで、外国籍の児童・生徒の国内の学校への入学が可能になり、また、2003年には当該地域の居住事実を証明する書類を提出することによって入学手続きを可能にすることで、韓国の学校への入学手続きが緩和された。出入国事実証明書や外国人登録証明書が提出できない子どもが学校へ入学できない場合を考慮し、教育科学技術部は、未登録の外国籍の児童・生徒の場合、当該地域の居住事実を証明できる書類（賃貸契約書、水道代振込み領収書等の居住確認できる証明書）の提出による学校入学の手続きを可能にしたのである（崔2009）。

4）外国人労働者に関する権利保障
〈産業災害補償保護法〉

外国籍労働者であっても、労働者の権利である業務上災害による被害の補償と、災害（被害）からのリハビリを補助する「産業災害補償保険」に加入できる（1条）。しかし、産業災害補償保険を申請する場合、出入国管理事務所に在留資格の有無が通報されるので、超過滞在の状態の申請者は治療が終わるとともに即時帰国しなければならない。そのため合法的滞在資格を持たない外国人労働者が、産業災害補償を自ら回避する恐れがあることが指摘されている。

〈雇用保険法〉

　外国人の雇用保険の適用対象者は以下の記述のように定められている。韓国内に滞在する「在外同胞」と外国人労働者の場合は、任意加入対象者として雇用主と労働者の合意下で加入を申請することができる。保険金は労働者と事業者が分担する。

表6　外国人雇用保険適用対象

在留資格	適用可否	備考
	居住期間	資格
駐在(D-7),企業投資(D-8),貿易経営（D-9）	相互主義加入	雇用保険に相応する保険料と給与に対し、当該外国人出身国家法が大韓民国国民に適用されない場合は除外する
短期就業（C-4）,教授（E-1）,特定活動（E-7）,専門就業（E-9）,船員就業（E-10）,訪問就業（H-2）	任意加入	加入には外国人勤労者の同意が必ず必要
居住（F-2）	当然加入	次の資格でF-2在留資格取得者は除外 「国家公務員」または「地方公務員法」により、公務員として任用された者 ・永住（F-5）資格を失った者の中で、国内生活関係での権益保護等を考慮して法務部長官が国内での継続的滞在の必要性を認定する者
在外同胞（F-4）	任意加入	
永住（F-5）	当然加入	

出典: IOM移民政策研究院研究報告書No.2011-01。

5)　**外国人参政権**

公職選挙法の「公職選挙」15条によると、在韓外国人の中で、「永住在留資

格の取得日の後、3年が経過した者」に、居住地で実施される地方自治体の議会議員、またはその長の選挙の選挙権を付与している。合法的に滞在している外国人なら、韓国籍を取得せず、参政権の一部を行使することができる

4. 滞在外国人政策関連主体

　移民政策の推進体系は樹立主体と遂行主体に分けられる。政策樹立の主体は、関連法制度に基づき設立され、国務総理または大統領所属で運営されている5つの政策委員会と実務委員会で構成されている。政策委員会は、関連中央部の長官・次官級（日本の大臣にあたる）の人事が参加するため、遂行段階での各部署機関の間の協力を促す役割も果たしている。実務委員会は各部（日本の「省」にあたる）の次官が委員長として移民政策の草案のための情報収集と研究を担当する。遂行主体は、中央政府の各部の担当部署と地方自治体で構成されており、政策の実行・管理および評価を担当している。
　出入国管理・外国人政策本部が設置されている法務部の遂行主体の総括部署としての役割はもちろん関連主体間の協力を維持するための仲裁者の役割も担っている。また、各地方自治体はでは関連条例を制定し、「居住外国人支援諮問委員会」、「多文化家族支援諮問委員会」などを設置し、地域の実情に合った移民政策を実行・管理している。これらに加え、公的領域を補充するものとして市民社会での移住者の支援・権利保障のために活動している市民団体の活動を挙げることができる。

(1) 移民関連政策委員会

　中央政府レベルでの移民政策の樹立主体であり、韓国に滞在している外国人関連政策（外国人政策委員会、「外国人力政策委員会」）、韓国人の海外移住政策（在外同胞政策委員会）、社会統合政策（多文化家族政策委員会、社会統合委員会）を扱う5つの委員会に構成される。そして、すべての部署が移民政策関連委員会に参加しており、大多数の中央部署である[*2]が4つあるいは5つの委員会に参加している。これは、外国人政策が現在の韓国政府の中心的な関心事であることを反証しているとも捉えられる。

---

*2　日本の省庁にあたる。

(2) **中央政府部署**

さまざまな中央政府部署で移民関連政策を遂行しているが、その中でも移民関連事業を担当する部署が設置されているのは、法務部、雇用労働部、女性家族部である。法務部には、外国人政策を総括する「出入国・外国人政策本部」が属している。「雇用労働部」は外国人労働者の政策を担当し、雇用許可制度による外国人労働者の導入・管理を統括している。女性家族部は多文化支援政策を総括しており、多文化家庭の増加に伴いその役割がますます拡大している。その他の部署でも移民関連事業を行うが、担当の部署が別に設置されてはいない。

(3) **地方自治体**

外国人政策にかかわる業務を担当している部署が設置されている地方自治体は多くない。しかし、「居住外国人支援条例」と「多文化家庭支援条例」を設置・施行する地方自治体は、「居住外国人支援諮問委員会」と「多文化家庭支援諮問委員会」を通じて移民関連事項についての諮問を行っており、ほとんどの委員会での滞在外国人代表と外国人支援の市民団体の参加を許可し、開放的で地域実情に合った移民行政を実施するために努力している。

(4) **市民団体**

海外からの出稼ぎ労働者の流入の急増により、90年代から社会問題として注目された外国人労働者の人権保護活動を始め、多様な分野で外国人支援活動をする市民団体が生まれた。そのうち大多数が宗教団体であり、主に外国人労働者と多文化家族を対象に人権・労働権の保護、移民政策の改善努力、社会統合サービスなどを支援することを主な活動としている。特に、在留資格によって、社会保障が受けられない外国人労働者や未登録の外国人に対し医療などの社会福祉サービスを提供し、かれらに最低限の社会的セーフティネットを保障している。

5．移民政策推進体系の問題点および政策的提言

外国からの国内移民が1980年代以降に急増した事情は、韓国社会の少子高齢化現象の深化と関連が深い。少子高齢化による労働力の不足で外国人労働者を継続的に受け入れるようになった。その結果、国内に滞在する外国人労

働者とともに結婚移住者も増えてきた。また、在外同胞の逆移民と大学の国際化・グローバル化戦略による外国人留学生の増加も韓国に居住する外国人の数が増加している理由に挙げることができる。移住者の性質が多様化し、韓国の移民政策は、外国からの国内移民が増加する韓国社会の移民動向に応じて、労働者中心の移民政策から社会統合中心の移民政策に変わる過渡期にある。しかし、この変化の過程で巨視的で体系的な移民政策を樹立・施行してきたとは考えにくい。これまで社会的に注目された問題に対する予防策としての移民政策を樹立してきたからである。

　前述したように韓国の移民政策の樹立において、韓国だけの特殊性を認識すべきである。韓国は少子高齢化の現象と共に、外国人労働者と留学生の増加、結婚移住者の流入等、多様な現象を考慮した移民政策の推進が必要である。韓国の場合、逆移民を選択した在外同胞と北朝鮮の難民等の問題を、ドイツの移民政策を参考する必要性がある。ドイツは、連邦移民・難民庁で同胞政策も総括しているとともに、在外国民もしくは同胞などを居住民に含んでいる。

　社会の変化のため、外国人に対する韓国人の認識も変化し、外国人を社会の構成員として認定すべきだという、社会的な合意が形成されていく一方、政策はその合意から離れている。また、移民政策の対象も、外国人労働者及び結婚移住者とその家族に偏している。実際に国内在留外国人はもっと多様な形で存在しており、それに当たる政策を立てるべきである。ひいては、外国人移住者をどのような方式で、どのような規模を受け入れるかについて、診断と予測が必要である。

　現在の韓国社会に居住する未登録外国人に対しても、一時的な取り締まりで済ませるのではなく、長期的対策を樹立すべきである。

　外国人の福祉政策についても、韓国市民と公平性を維持できる水準を取りそろえるが、韓国人が逆差別にあわないよう、政策を考慮しなければならない。

　統合的行政体系の不在で、非効率的事業の進行と予算の浪費を呼び込んでいる。例えば、政府の多文化政策から全く支援を受けられていない人がいる一方、重複して支援を受けている人たちができているが現れているが、このような問題点を解決する必要性がある。よって法務部、雇用労働部、女性家族部、外交通商部に別れている行政を統合的管理体系に構築する必要がある。分散されている行政体系を有機的に協力するようにし、効率的な移民行政体

系の構築を計る。
　移民政策に関する研究はまだ初期段階であり、これからも専門的研究を必要とする。従って、政府のレベルで移民政策に対する研究を支援し、奨励すべきである。

[参考文献]
・薛東勳（설동훈）2000『노동력의 국제이동（労働力の国際移動）』，서울대학교출판부（ソウル大学出版部）。
・薛東勳（설동훈）2001「한국 미등록 외국인 노동자 실태와 대책（韓国の未登録外国人労働者の実態と対策）」『社会思想』第113号49-75.
・韓国法務部出入国・外国人政策本部『2011出入国・外国人政策通計年報』。
・崔佳英 2009「韓国における外国人労働者の児童・生徒の教育権」『相関社会科学』第18号。
・崔佳英 2012「韓国における非熟練外国人労働者子女の教育機会：在韓モンゴル籍の子どもの就学と不就学」今西淳子・ボルジギンフスレ編『20世紀におけるモンゴル諸族の歴史と文化：2011年ウランバートル国際シンポジウム報告論文集』風響社 pp.432-466.
・チョサンギュン（조상균）・李スンウ（이승우）・チョンジンヒ（전진희）2008「다문화가정 지원 법제의 현황과 과제（多文化家庭支援法制の現況と課題）」『民主主義と人権』Vol.8, No.1, pp.147-174.
・李キョンヒ（이경희）2010「다문화가족지원법의 문제점과 개선방향：다문화가족의 정의 및 범위를 중심으로(多文化家族支援法の問題点と改善方向：多文化家族の定義および範囲を中心に)」『法學論攷』第32号, pp.509-536.
・李ジョンユン（이종윤）2010「한국의 다문화정책 관련법에 관한 일 고찰（韓国の多文化政策関連法に関する一考察）」『多文化コンテンツ研究』第4号（通巻9号）pp.163-185。
・法務部出入国・外国人政策本部『2011出入国・外国人政策通計年報』。
・IOM移民政策研究院研究報告書　2011『外国人政策基本計画樹立方向および主要政策議題研究』No.2011-01.
・韓国統計庁 http://www.kostat.go.kr
・韓国教育科学技術部 http://www.mest.go.kr
・法制處 国家法令情報センターhttp://law.go.kr

（JANG Wonho+CHOI Gayoung）

第13章

フィリピンの移民政策
「移民大国」の現状と将来

新田目夏実

拓殖大学国際学部教授

1．はじめに

　現在、日本に住むフィリピン人は、気がつけば20万人を越え、在日外国人の中で第3位を占めるまでになった。来日者が増えているだけではない。近年、日本企業の進出のみならず、フィリピンに英語留学する若者が増えている。若者だけではなく、退職後の引退先として真剣に考える中高年も増えている。フィリピンと日本の関係は、モノとカネだけではなく、このように、人の相互移動と移動者の定着という形で、近年も着実に深化しているのである。

　ただし、フィリピンの移民史の中では、日本への移民は比較的新しく、そして必ずしも中心的現象ではなかった。なぜなら、フィリピン人の移民・就労先は世界中に広がっているのであり、彼らはエンターテイナーや介護士だけではなく、世界各地で様々な仕事に従事しているからである。このような「移民大国」であるフィリピンの背景にあるのがフィリピン政府の支援であるが、そのような事情は、日本ではあまり知られていない。そこで、本章は、このようなフィリピンの現状を紹介するとともに、移民・海外就労を支える政策とその問題点について明らかにする。

　フィリピンの移民史は古くはスペイン植民地期に始まり、米国植民期に急増し、今日に至る。ただし、1970年代半ば、海外就労を促進する新労働法が制定されてから、移民数が急増した。そこで本章では、フィリピンの移民政策が明確な形を取り始めた1974年以降に焦点を絞り、どのように海外移民・海外就労が増加したのか、その動向をまず明らかにする。その上で1974年以

降に展開された移民政策とその問題点について紹介する。

2．在外フィリピン人・海外就労者の現状と特徴

　国連の人口移動推計（流出と流入の差）によると、2005～2010年にフィリピンから1,230万人が流出したと推計されている。ちなみに同期間に世界最大の人口流出国はバングラデシュであり（3,571万人）、フィリピンの流出数は、インド（2,978万人）、メキシコ（2,051万人）、中国（1,884万人）、パキスタン（1,857万人）に次いで世界第6位であった。フィリピンの流出数は、1980～1985年は22位であったが、その後16位（1985～90）、14位（1990～1995年）へと上昇し、1995～2000年以降6位を維持している[*1]。インド、中国の人口数が桁違いに多いこと、またメキシコは主たる移動先であるアメリカと国境を接していることを考えると、東南アジアの一隅に位置するフィリピンが、いかに世界の「移民大国」であるか明らかである。次に海外に在留するフィリピン人の特徴についてまとめてみたい。

　なお、海外に在留するフィリピン人は、共和国法第8042号により、OF（Overseas Filipino、以下在外フィリピン人）と呼ばれ、その中でも特に就労目的で海外に短期居住しているものはOFW（Overseas Filipino Workers、以下海外就労者）と定義されている。本章でもそれに従いたい。

(1)　在外フィリピン人

　2001年～2012年末の在外フィリピン人数およびその変化をみたものが表1（次頁）である。在外フィリピン人の合計は、この12年間に300万人以上増加し、1000万人を超えた。フィリピンの人口が約920万人（2010年センサス）であるので、総人口の約11%が国外に居住していることになる。この人口が218の国に居住している。

　2012年の滞在形態の内訳をみると、永住者（permanent）が47%、一時的居住者（temporary）が40%、非正規居住者（irregular）が13%である。2000年と比べて、永住者の割合が12%増加している。一時的居住者の多くは、雇用契約が終了すれば帰国する海外就労者（OFW）である。非正規居住者は、適切な審査が行われず、正当な居住許可書や雇用許可書を持っていないものや、

＊1　United Nations（2013）各年より。なお、フィリピン人の移民史とその後の政策的展開については、寺田（1991）と細田（2011）が参考になる。

超過滞在のものを含んでいる。非正規居住者の割合はいったん減少したが、近年また増加傾向にある。

　2012年度に10万人以上のフィリピン人が居住している国は13カ国ある。第1位が米国、第2位がサウジアラビア、第3位がアラブ首長国連邦（以下UAE）であり、日本は第7位であった。地域的にみると、北米、ヨーロッパ、アジア、オセアニアに広く散らばっている。上述の流出上位国の常連であるメキシコ人の移民先がほほ米国に限られているのと好対照である。

　滞在形態の内訳を国別に見ると、2012年の全永住者（493万人）の6割以上（310万人）が米国居住である。これは米国植民地であった歴史的経緯に加え、1965年に米国移民法が改正され、国籍別人数制限が廃止され、家族の呼び寄せ、雇用目的による移民が可能になった影響が大きい。さらに英語圏で

表1　在外フィリピン人数 2000～2012年　　　　　　（人数、%）

年	永住	%	一時的	%	非正規	%	合計	%
2000	2,551,549	34.6	2,991,125	40.5	1,840,448	24.9	7,383,122	100.0
2005	3,407,967	48.8	2,943,151	42.2	626,389	9.0	6,977,507	100.0
2012	4,925,797	47.0	4,221,041	40.2	1,342,790	12.8	10,489,628	100.0
2001-2012	2,374,248	12.4	1,229,916	-0.3	-497,658	-12.1	3,106,506	

10万人以上のフィリピン人が居住する国（2012年末）

	国	永住	%	一時的	%	非正規	%	合計	%
1	米国	3,096,656	88.6	126,625	3.6	271,000	7.8	3,494,281	100.0
2	サウジアラビア	354	0.0	1,159,634	91.5	107,670	8.5	1,267,658	100.0
3	UAE	1,711	0.2	722,621	77.6	207,230	22.2	931,562	100.0
4	カナダ	759,802	89.1	87,304	10.2	5,295	0.6	852,401	100.0
5	マレーシア	26,006	3.8	212,951	31.0	447,590	65.2	686,547	100.0
6	オーストラリア	329,348	84.1	58,637	15.0	3,720	0.9	391,705	100.0
7	日本	158,978	65.4	77,248	31.8	6,910	2.8	243,136	100.0
8	英国	160,881	73.5	32,896	15.0	25,000	11.4	218,777	100.0
9	クウェート	502	0.2	207,136	97.0	6,000	2.8	213,638	100.0
10	カタール	16	0.0	172,000	86.0	28,000	14.0	200,016	100.0
11	香港	13,251	6.8	176,877	90.6	5,000	2.6	195,128	100.0
12	シンガポール	44,102	23.9	118,946	64.5	21,450	11.6	184,498	100.0
13	イタリア	53,819	31.3	83,509	48.5	34,820	20.2	172,148	100.0

（出所）CFO bより作成。

あり、伝統的移民受け入れ国であるカナダとオーストラリアへの永住者が多い。それに対し、海外短期雇用を目的とする一時的在外居住は、サウジアラビア、UAE、クウェート、カタールなどの中東諸国が中心となっている。

非正規居住が最も目立っているのがマレーシアである。彼らのほとんどは、フィリピン南部のミンダナオ出身者である。同地は、フィリピンからの独立を目指すイスラム武装勢力とフィリピン政府の間で長年係争状態にあった地域であり、非正規居住者の多くは、政情不安を逃れ、距離が近く経済的により豊かで、かつ文化的同質性の高いマレーシア側に移住したものである。

最後に、米国のような明確な移民法がある国や、中東諸国のように積極的に労働力を受け入れている国では労働移民が中心となっているが、それ以外の国に永住する有効な方法が結婚である。1989年〜2013年に国際結婚したフィリピン人45万5458人の内、43%はアメリカ人との結婚であったが、26%が日本人であったことは特に注目される。なお日本人との国際結婚は、ピークであった2006年の8,601人から2013年には1,992人と、近年減少傾向にある。[*2]

(2) 海外就業者数

次に年間のフィリピン人労働者の派遣数の推移をみたものが表２(次頁)である。仕事の性質と採用方法が異なるため、フィリピンでは陸上雇用と海上雇用に分けられているが、海上雇用といっても、狭義の操船業務だけではなく、厨房、ウエイター・ウエイトレス、その他の客室業務を含んでいる。近年豪華客船の就航とともに、ホテル部門就業者が増加する傾向にある。

政府による派遣が始まった1975年は、陸上、海上雇用を含みわずか３万６千人であったが、1980年には20万人、2013年には183万人を超え、現在200万人に近づきつつある。なお100万人を超えたのは2006年であった。当初船員の方が多かったが、まもなく逆転し、現在147万人(80%)が陸上、37万人(20%)が海上勤務である。

雇用形態を新規と再雇用に区別してみると、再雇用者(陸上雇用者)の割合が70%に近づきつつあることが注目される。外国の雇用主が経験を積んだ労働者を好むこともあるが、海外就労者のなかでリピーターが増加し、海外就労が制度的に定着・長期化しつつある様子がうかがえる。ただし、新規雇用も依然として増加している。

＊2 CFO a

表2　年間雇用数——派遣種類別、雇用契約別、上位10カ国 (人数、%)

年	陸上雇用				海上雇用	合計
	合計	新規雇用	再雇用	(%)		
1975	12,501	na	na		23,534	36,035
1980	157,394	na	na		57,196	214,590
1985	320,494	160,815	159,679	49.8	52,290	372,784
1990	334,883	170,000	164,883	49.2	111,212	446,095
1995	488,173	214,189	273,984	56.1	165,401	653,574
2000	643,304	244,418	398,886	60.6	198,324	841,628
2005	740,632	289,981	450,651	60.8	247,983	988,615
2010	1,123,676	341,966	781,710	79.6	347,150	1,470,826
2013	1,469,179	464,888	1,004,291	68.4	367,166	1,836,345

上位10カ国 —— 陸上雇用 (2013年)

1. サウジアラビア	382,553	6. クウェート	67,856
2. UAE	261,119	7. 台湾	41,145
3. シンガポール	173,666	8. イタリア	19,556
4. 香港	130,686	9. マレーシア	34,088
5. カタール	94,195	10. バーレーン	20,546

(出所) SMC(2013:59)、Table 15より作成。2000年についてはPOEA a。
上位10カ国の派遣数はPOEA b(Compendium of OFW Statistics 2013)より作成。
(注) na：不明

　在外フィリピン人の居住先とは異なり、海外就労者の中心は中東である。第1位のサウジアラビア、第2位のUAE、それにカタール、クウェート、バーレーンを加えた中東湾岸諸国が陸上雇用の70%を占めている。アジアの経済発展とともに就労先が多様化しつつあるとはいえ、フィリピンの政策的海外就労の中心が、依然として中東であることが明らかである。

　海外就労者（陸上雇用、新規雇用）が就く職業を示したものが表3である。サービス業が大幅に増加し、かつては派遣者の6割を占めていた生産工程労働が1990年代に減少し、2000年代半ばにかけて再度増加している。また、専門・技術職が2000年代初頭まで増加し、その後大幅に減少した。男女別データの得られる最新の統計によると、2010年には、男性の63%（9万7千人）が生産工程労働に、女性の73%（13万5千人）がサービス業に従事している。

　生産工程労働者数の減少は、石油ショックによる建設ブームが1980年代に終了し、単純な建設労働者の需要が減少したためである。しかし、その後より技能職である製造業労働者や、ビル・工場の清掃等のメンテナンス・ス

タッフに対する需要が増加したため、再度増加した。

　2005年以降専門・技術職が激減したのは、ダンサー、歌手などのいわゆるエンターテイナー（現在では、Overseas Performing Artistと呼ばれている）が激減したためである。2004年にエンターテイナーは 7万1千人であったが、2006年にはわずか7千人と、ほぼ10分の1になってしまった。この背景にあるのが、2005年以降、日本がエンターテイナーに対する受け入れ条件を厳しくしたことである。見方を変えれば、日本におけるフィリピン人労働者の受け入れが、当時いかに特殊なものであったかということを示している。ただし、専門・技術職の中で、看護士は海外雇用の重要な選択肢として定着したように思われる。

　エンターテイナーに代わって大きく増加したのが、サービス業の中でも家事労働であった。2006年以降、「家事技能試験」が必須となったためいった

表３　海外雇用者の職業 —— 陸上雇用(新規雇用者)国　　(人数)

年 職業	1982	1992	2000	2004	2005	2006	2008	2010 合計	2010 男子	2010 女子	2013
専門・技術	28,435	72,881	78,685	94,147	63,941	41,258	49,649	41,835	24,470	17,365	53,840
エンターティナー	13,425	47,686	59,506	71,842	39,374	7,362	3,848	1,938	500	1,438	na
看護士	na	246	7,683	8,611	7,094	13,525	11,495	12,082	1,828	10,254	16,404
管理	1,462	289	284	565	490	817	1,516	1,439	849	590	1,947
事務	8,519	5,369	2,367	5,323	5,538	7,912	18,101	10,706	5,192	5,514	12,893
販売	1,394	2,701	2,083	3,950	4,261	5,517	11,525	7,242	3,744	3,498	9,220
サービス	43,248	82,267	91,206	113,423	133,907	144,321	123,332	154,535	19,367	135,168	230,030
家事労働	na	57,903	68,270	62,818	82,467	91,412	50,082	96,583	1,703	94,880	164,396
農業	1,158	2,023	526	682	350	807	1,354	1,122	1,047	75	2,233
生産工程	165,899	95,062	57,807	63,719	74,802	103,584	132,295	120,647	97,631	23,016	147,776
その他	0	1	20,072	3	996	3,906	39,201	4,440	na	na	6,949
合計	250,115	260,593	253,030	281,762	284,285	308,122	376,973	341,966	154,677	185,602	464,888

(出所) SMC(2013:59), Table 15より作成。2000年についてはPOEA a。
上位10カ国の派遣数はPOEA b(Compendium of OFW Statistics 2013)より作成。
(注) na:不明 。

ん減少したが、簡単なテストだったこともありすぐに増大し、2010年現在、女性労働者の51%（9万4千人）が家事労働者である。家事労働は中東に加え、シンガポール、香港などに多い。まだ、数字にはほとんど表れていないが、インターネット広告などをみると、日本でも、フィリピン人による家事サービスを提供する業者が現れつつある。

家事労働はほとんどが女性労働であるため、近年家事労働の増加に伴い、海外就労者に占める女性比率が増大しつつある。2010年についてみると、新規陸上雇用の55%が女性であった。

以上は陸上雇用であるが、現在世界の船員の約4分の1がフィリピン人であるため、フィリピンは「船員派遣の首都」と呼ばれることもある。日本の外航商船船員は約6万人であるが、実にその70%以上がフィリピン人船員である（SMC 2013:71；国土交通省2012:177）。さらに、船は男の仕事と思われていたが、豪華客船の就航とともに、ホテル部門で働く女性も増加している。ただし、陸上とは違う海上固有の危険と困難がある。例えば、孤独・倦怠などはよく指摘されるところであるが、女性の増加に伴い、差別とセクハラの危険が増大している。性病の危険も高い。またソマリア沖のアデン湾やインド洋において、海賊被害が実際毎年のように発生している。

(3) 送金額とその意味

このような海外居住・海外就業は、雇用者家族の生計に寄与するだけでなく、現在フィリピン経済の柱となっている。なお、送金額には海外短期就労者だけでなく、在外フィリピン人一般からの送金が含まれている。

1974年以来海外からの送金額は着実に増加し、特に1990年以降の増加は著しい。1975年には1.2億米ドルであったが、1990年には12億米ドル、2000年には61億米ドル、そして2014年には240億米ドルを超えた。この間アジア通貨危機などをはさみながらも、着実に増加したのである。2014年現在の送金額は名目GDPの約8.4%であるが、この傾向は2000年から今日まで平均8～10%という非常に高い水準の範囲で上下している（図1）。2013年度についてみると、送金額では、インド（700億米ドル）、中国（388億米ドル）に次いで世界第3位であった。中国、インドと人口規模が違うことを考えると、いかにフィリピン人の送金額が大きいかが明らかであろう。しかも、この数字は銀行送金であり、就労者が直接持ち込む額を含むともっと大きくなる可能性が

図 1 送金額と GDP 比率

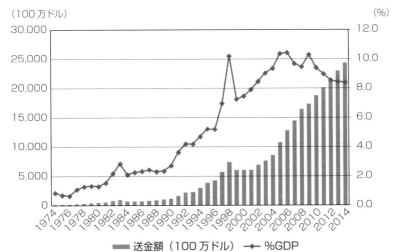

注）送金額は BSP の送金データより (BSP a)。GDP 比率については、World Bank Data 及び IMF の World Economic Outlook Database の GDP(current prices, U.S. dollars) より計算。

高い[*3]。単に送金額大きいだけではない。送金による外貨流入は、2012年など、海外直接投資の11倍にもなり、同年の外貨準備高の15%を占めたのである（SMC 2013:118）。

赤字体質であったフィリピン経済であるが、2003年から経常収支は黒字になった。主たる理由は経常移転の増加、中でも海外送金の増加である（槙2009）。海外直接投資が国内外の政治経済危機によって大きく上下する傾向があるのに対し、送金額は労働者の数に依存するため、増大する移民・海外就労者を背景に、非常に安定しているという特徴がある。このように、海外就労は、フィリピン経済にとって、もはや欠くべからざる外貨獲得「産業」になっているのである。

海外送金の労働者家族に対する影響はどうであろうか。海外送金は間違いなく家族の福祉に貢献する要素になっている。フィリピン人は家族を大切にするとよく言われるが、海外就労者は非常に几帳面に送金をしており、2012

---

*3 送金ランキングは World Bank, Data, Indicators, Financial Sector, Personal remittances, received (current US$) より参照。なお、上記の送金額は、銀行間送金によるものであり、本人、親戚、友人・知人等が直接持ち込む外貨があるため、正確な推計は難しい。Survey on Overseas Filipinos（2013 年）によると、送金額の 30% 位の額が、銀行間送金額に加え、フィリピンに直接持ち込まれている（PSO b）。

年の家計調査によると、27%の世帯に送金所得がある。しかもその割合は2000年が18%だったので、近年増加傾向にある。ただし、所得階層の下位20%についてみると、送金を受け取っている家族は8%に満たない。その意味で、海外就労は、多くの世帯にとって重要な収入源であるが、必ずしも、貧困対策・失業対策にはなっていない可能性がある。[*4]

　フィリピン経済に対する影響は、実際にはかなり複雑である。低技能の労働者が海外で雇用され、外貨を獲得するという構図は、高い失業率を背景に考えると、労働者個人にとっても、国家のマクロ経済的観点からもマイナスではない。ただし、海外送金が消費に浪費され、生産的投資に回っていないという指摘がある（SMC 2013:117）。

　確かにマニラの近年の住宅ブームやモールの増加・拡大、高級レストランでの消費動向などをみると、フィリピンの発展は、小売・サービス産業の発展に偏っている感がある。しかし、2014年消費期待調査によると、海外送金の使い道として（複数回答）、食費（96%）、借金の返済（42%）、家具・耐久消費財（25%）や住宅の購入（11%が）とならんで、教育（72%）、医療費（56%）や貯蓄（42%）に対する支出も多い（CBP）。

　子どもの教育に対す支出は、フィリピンの長期の人的資本形成にとって必要な投資でもあり、また安定的家計や健康があってはじめて、子どもの養育・教育は可能になる。また、貯蓄も決して少ない割合ではない。その意味で、少なくとも海外就労者をかかえる家族の長期的地位向上に対してはプラスであり、またフィリピンの社会経済発展にとっても、重要な刺激材料になっているという見方も成立するのではないだろうか。

3．政策的展開と移民・海外就労の定着——1974年以降

　国内的には、1960～70年代にかけて経済成長率自体は決して低くないのだが、急増する労働力人口を国内産業が吸収できず、失業問題や貧困問題が慢性化していた。マルコス政権末期の政治不安は、ピープル・パワー革命によって後を引き継いだコラソン・アキノ政権下でも解消されず、それがフィ

＊4　送金所得のある世帯の割合については、PSO、Family Income and Expenditure Survey 各年版より計算（PSO a）。海外就労が極貧層ではないこと、したがって失業対策、貧困対策になっていない可能性については青木（2013）参照。

リピン経済の低迷とさらなる移民の増加に拍車をかけたのであった。

国外において移民の需要を高める決定的要因となったのが、1973年の石油ショックである。オイル・マネーを背景として突如中東に始まった建設ブームは莫大な労働需要をうみだし、そこに、近隣アラブ諸国やその他アジア諸国とともに、フィリピンからの労働者が集まったのである。

以上の内的外的要因を背景として、海外就労が国家的政策として打ち出されたのが1974年の新労働法（大統領令442号）であった[*5]。これは雇用の促進と労働者の保護を目的とした一般法典というだけでなく、国内で仕事がない労働者に海外就労の機会を提供すること、そのために「海外雇用開発局」(Overseas Employment Development Board、以下OEDB) を設置すること（第17条）、また特に船上における海外就労のために「海運局」(National Seamen Board、以下NSB) 等を設置すること（第20条）、さらに労働者として不当な取り扱いがないよう、政府機関が保護・支援すること（第21条）を明記した文書である。さらに、海外の雇用主によるフィリピン人の直接雇用の禁止（必ず政府機関を通すこと）（第18条）と海外収入の送金の義務化（第21条、ただし罰則はなし）が定められた。まさに、海外就労の促進と外貨管理が国策として法的に規定されたのである。

その後政府部局だけでは急増した海外雇用の斡旋業務に対応できなくなったため、民間職業斡旋会社の参入が認められ、1978年には、民間業者の管理のために「雇用サービス局」(Bureau of Employment Service、以下BES) が設立された。1982年には、海外就労の促進と労働者の権利の保護を目的として、BES、OEDB、NSBが統合し、「海外雇用庁」(Philippine Overseas Employment Administration, 以下POEA) が設立された。これによりフィリピンの海外就労促進政策の体制が定まったのである。

当時、コラソン・アキノ大統領は、このような海外就労者を、家族のために自分を犠牲にして海外で働く「新しい英雄」(Bagong Bayani) として称讃したのであった。しかし、実際のところは、国家の経済危機を救った英雄というのが、より実態に近かったのではないかと思われる。

しかし、派遣数の急増に伴い、就労中の労働者の保護と安全対策、および

＊5　1974年の労働法はフィリピン雇用労働省 (Department of Labor and Employment、http://www.dole.gov.ph/) の、また1982年法、1995年法等についてはPOEAのホームページから閲覧した (http://www.poea.gov.ph/html/aboutus.html)。労働関係法令については知花（2014）、また移民政策の展開とその評価についてはSMC（2013）に加えて、小ヶ谷（2009）参照。

その家族の保護、福祉・福利の増進が重大な問題として浮上してきた。そのため1987年に設立されたのが「海外労働者福祉庁」(Overseas Workers Welfare Administration, 以下OWWA) である。

1995年には、シンガポールで殺人容疑に問われ死刑執行された家事労働者の事件を契機に、派遣労働者保護を重視する「共和国法第8042号海外就労者及び在外フィリピン人法」(Republic Act 8042 Migrant Workers and Overseas Filipinos Act)、以下1995年法」が成立した。[6] これによりフィリピンの移民政策は、理念的には、海外就労促進から労働者保護へと転換した。

同法はまず、「送金によるフィリピン経済への貢献を認めるとしても、フィリピン政府は経済成長の維持と国家開発の手段として海外就労を促進することはしない」(第2条(c))と明確に述べる。さらに、海外で最も被害にあいやすいのが、技能を有しない(女性)労働者であることに鑑み、「海外就労者を守るのは最終的には技能の有無であり……政府は技能労働者のみを派遣もしくは派遣の許可を与える」(第2条(g))とした。さらに、派遣先として、労働者保護に関する二国間・多国間協定もしくは、海外就労者保護のための法律や、具体的取組がおこなわれている国を条件とした(第4条)。

1995年法はその後2回大きな改正が行われたが、特に2010年の改正(RA10022)では、1995年法の内容をさらに強化することに加え、雇用に関するトラブルが発生した場合には、斡旋業者と雇用主が共同責任を負うことや、死亡・障害・帰国等にかかわる保険に加入することを義務化し、斡旋業者がその保険金を支払うことなどが明記された。

以上1974年以降行った政策展開を述べた。一般に、海外就労は国内就労に比べ、経済的・心理的コストが高い。以上の施策は、意図的ではなかったにせよ、すべてこの海外就労のコストを低減し、さらに、その継続を支援する仕組みを、政治・経済・社会システムの中に構築したといっても過言ではない。

制度的には、POEAとOWWAを設立し、海外就労希望者に情報提供と事

＊6　1991年福島県で不審死を遂げたエンターティナー事件や、1995年UAEで虐待された家事労働者の事件など、表面化しなかったものも含め多数に上ることが推察される。なお、福島県の事件その他については佐竹・ダアノイ(2006)参照。コンテンプラシオン事件は、シンガポールで働いていた家事手伝Delia Magaと彼女が面倒を見ていた子どもが死亡した事件で、やはり家事手伝いとして派遣されていたFlor Contemplacionが殺人容疑に問われた事件。冤罪であるという意見もある。罪状自体よりも、フィリピン政府が裁判に際し彼女の弁護を十分にしなかったことと、フィリピン政府の懇願にもかかわらず死刑執行されたことで、自国政府の無力さと、家事労働のような海外就労者が、いかに弱い立場に置かれているかを知らしめる事件となった。

前研修を行い渡航に備える一方、斡旋業者の管理・監督を行う仕組みを確立した。残された家族・子どもに対する支援も行っている。研修を受けなければ出発許可が出ないので、現在、新規雇用については、POEAを経ずして海外就労することは、制度的には不可能である。フィリピンの海外居住者の中には、永住を目的とした移民の多いことも特徴である。そのような移民希望者に対する情報提供とガイダンスを行う機関として設立されたのが在外フィリピン委員会 (Committee on Filipinos Overseas, 以下CFO) である。

以上に加え、居住地での裁判支援、戦争、テロなどの非常事態における帰国者支援や、帰国者の職業訓練・斡旋、起業のための機関もが設立された。

ただし、このような展開とともに、インフォーマルな支援ネットワークが広がったことにも注目したい。例えば、看護士養成のための専門学校・専門課程や船員養成のための海事コースは、海外就労を希望する学生にとって、極めて効果的情報交換の場となっている。ルソン島のバタンガス州には、イタリア移民からなる「リトル・イタリア」があり、移民希望者と移民先を具体的な形で結んでいる (Philippine Daily Inquirer 2010)。移民・海外就労者の帰国後の再統合を支援するNGOも活発に活動している (小ヶ谷 2009)。フィリピン南部ミンダナオ地域では、紛争を逃れ、不法にマレーシアに移住するもののためのインフォーマルな労働斡旋システムが定着している。

このように、フィリピンの現状は、渡航前、渡航後、帰国後のすべての側面について、政府として組織的にサポートする体制になっているだけでなく、社会の中に、移民や海外就労にかかわる情報提供と、渡航の支援をする社会的ネットワークが広がっているのである。

4．海外就労者の保護

以上制度的には労働者保護の仕組みが整ったわけであるが、労働者に対する搾取や人権侵害がなくなったわけではない。さらに、これだけ大規模な在外フィリピン人コミュニティが存在すると、紛争・戦争・テロに巻き込まれる危険など、国家的問題として、フィリピン政府が対応に苦慮する場合が発生する。以下順に検討したい。

(1) 雇用の場における保護

まず、依然として、渡航前の法外な斡旋料の要求、渡航後の契約変更や給

料の遅配などが問題となっている。違法行為への注意喚起や悪徳業者の営業停止の告知は、毎日のようにPOEAホームページに掲載されている。とはいうものの、現在1300社近くの業者が営業しているなかで、POEAの能力もあり、営業停止を命じられるのは毎年5〜10社に過ぎない[*7]。それでは、1995年法の重要な理念である技能労働者の派遣により、労働者の保護のレベルを高めるという方針はどうだったであろうか。

　実際には保護が問題となるのは、特に低技能の労働者である。その典型であり、しばしば搾取・人権侵害が問題となっていたエンターテイナーの人数は確かに減少した。しかし表3にみたように、その代わりに増加したのが家事労働者であった。家事労働者の多くは雇用主の家に住み込みで働くため、無理な要求に抵抗することができないなど、弱い立場にあるのが実態である。それに対し、技能労働者の象徴である看護師・介護士は、全女性労働者の5％弱にすぎない。フィリピンの技能流出という観点からみると重要な問題ではあるが、技能の高度化による海外就労者の保護という1995年法の精神からみると、あまり効果を上げていないことは明らかである。

　通常の雇用よりもさらに弱い立場にあるのが非正規滞在者である。すでにみたように、現在海外居住者の10％強が非正規居住者である。制度的には、POEAの許可を経ずして就労を目的とした出国はできないはずであるが、観光ビザによる出国と就業斡旋、偽造パスポートの使用などが依然として頻発している。非正規であるため、雇用主に搾取されても、それを当該国の関係機関やフィリピン政府機関に訴えることができないケースが多い。またフィリピンに特殊な状況であるが、非正規移民の多くがミンダナオの紛争を逃れマレーシアのサバ州に居住している。しかし、マレーシアは難民条約に加盟していないため、法的に保護されていない状態にある。摘発をおそれ、病気になっても病院にかからないものが多い。

(2) 地域紛争・戦争・テロ

　1991年の湾岸戦争時には、3万人近い就労者をクウェートおよびイラクから救出した。2004年には、イラクで働くトラックドライバーが人質にされる

＊7　2015年3月31日現在、陸上雇用の民間紹介機関は851社、船員紹介機関は408社の計1259である。2010年の海外就労統計によると、2010年度に営業停止となった業者は6社である（POEA 2015年3月31日検索 Statistics 及び Status of Recruitment Agencies、http://www.poea.gov.ph/default.htm より）。

という事件が発生した。アロヨ政権はアメリカの同盟国として51人のフィリピン軍と警察を派遣していたのであるが、撤退を余儀なくされた。国内的には大いに称賛された決断であったが、西側諸国の大きな批判にさらされることとなった。

2006年に発生したレバノン侵攻時には、6千人を救出した。そのほとんどは家事労働に従事する女性であった。2011年の「アラブの春」の内戦の際には、エジプト、リビア、イエメン、シリアから多数の在外フィリピン人が救出、送還された。リビアから1万人、シリアから3千人以上が送還されたのであったが、特にシリアでは大変な困難に直面した。

シリアの場合、就労者のほとんどが個人宅で家事労働に従事する非正規雇用者であった。そのため、住所情報が分からず、救助が進まなかった。多くは偽造パスポートや他人になりすまして不法に入国したものであった。そのため雇用者側も当然非協力的であり、帰国に際し補償を要求するものすらあった。紛争が継続・悪化した今日にいたるも、実際には何人残っているか依然として不明な状態にある（SMC 2013:77-79）。

このような状況にあって、相手国政府の協力は不可欠である。1995年法は、労働者保護に関する二国間協定のある国を派遣の条件としたが、そのような二国間協定の締結は容易ではない。受け入れ国側からみると、フィリピンと協定を結ぶと、他の労働者派遣国とも、同じ協定を結ぶことを迫られるからである。その結果、2013年現在何らかの了解事項が結ばれた国は、27カ国にとどまっているのが現状である（SMC 2013:179-185）。

5．フィリピンの移民政策の将来

フィリピンの海外就労支援策は、経常収支の改善に多大な寄与をしている。また、労働者を送り出す家族にとって、送金はかけがえのない収入源となっている。もっとも、労働市場に対する影響という観点からみると、海外就労には失業問題を改善するほどの効果はみられない。ただし、もし海外就労の機会が存在しなければ、200万人近い海外就労者が失業者に転ずることになる。これは約5％の失業率の上昇に相当するという意味で、十分評価に値するという見方もあろう。なにより、フィリピン人にも職業選択と居住の自由が保障されている。それでは、なぜ海外就労が問題視されるのであろうか。

まず、フィリピン経済があまりに送金依存体質になっているため、それが

国内の産業発展を阻害するという可能性がある（SMC 2013:119; 槙 2009:88-92）。前述のように、送金が投資に回っていないという批判がある。これは、結果的に国内産業による雇用機会の拡大を遅らせることになる。

　労働市場の問題として考えた場合、労働者の輸出は頭脳流出（brain drain）になっているという可能性がある。具体的には、医師・看護士等の海外流出問題である。地方都市・農村部における医者・看護師不足は深刻な状況にある。流出する医療関係者が多くなると、量的不足に加え、医療技術の継承・蓄積が進まなくなる。近年、医師が看護士の資格を取り海外に流出するケースも多い。このような事態が続くと、医療制度の維持が困難になる可能性がある（山田 2006）。

　海外就労者の多くは、彼らの教育レベルに見合った仕事についていないケースが多いので、頭脳の無駄遣い（brain waist）になっているという可能性も強い。また、多くの仕事が短期なので、新たな技術を身につけたり、経験を蓄積することが困難である。要するに、労働移動が人的資本に対する投資になっていないのである（SMC 2013:128-131）。

　残された家族に対する問題もある。家族が別世帯で生活することによる不安や、夫（妻）の別離が夫婦関係にもたらす影響、子どもの養育に対する影響等が心配される（SMC 2013:100-106）。

　上述のように、労働者の保護については、依然として不安要素が多い。不法就労に由来する搾取、雇用主との関係悪化、災害、テロ、戦争の危機や、船員の場合、海賊に襲われる危険もある。フィリピン人の移民・海外就労の場合、これらは現実に高い確率で存在する危険である。

　根本的には、国内産業の振興による雇用機会の拡大が必要であるが、現在の海外就労者を吸収できるようになるためには、かなりの時間が必要となろう。それまでの間、英語が話せ、海外、特に米国に親戚のいる専門職のフィリピン人にとって、移民は選択可能なライフスタイルである。また、低技能の労働者にとっても、海外就労は、政府の庇護のもと、家計を維持する唯一の制度として機能している。

　グローバル化時代に一番遅れているのが通常人の移動であるが、このように、ことフィリピンに関しては、人の移動の方が、モノの移動より先行しているといってもよい。その意味で、「移民大国フィリピン」は、まだしばらくその地位を維持することが予想される。

[参考文献]
・The Bangko Sentral ng Pilipinas（BSP a）（2015年 3 月31日 検 索 ），*Economic and Financial Statistics* , http://www.bsp.gov.ph/statistics/efs_ext3.asp
　_____（BSP b）（2015年 3 月31日 検 索 ）*Consumer Expectations Survey Report* （Fourth Quarter 2014 ），http://www.bsp.gov.ph/publications/regular_consumer.asp.
・Commission on Filipinos Overseas（CFO a）（2015年 3 月31日 検 索 ）、*Number of Filipino Spouses and Other Partners of Foreign Nationals by Major Country: 1989 - 2013*、http://www.cfo.gov.ph/images/stories/pdf/majorcountry8913a.pdf.
　_____（CFO b）（2015年3月31日検索），*Stock Estimate of Overseas Filipinos*, http://www.cfo.gov.ph/index.php?option=com_content&view=article&id=1340:stock-estimate-of-overseas-filipinos&catid=134:statisticsstock-estimate&Itemid=814.
・The International Monetary Fund（IMF）（2015年 3 月31日 検 索)、*World Economic Outlook Database*（October 2014），
　http://www.imf.org/external/pubs/ft/weo/2014/02/weodata/index.aspx.
・Scalabrini Migration Center（SMC）（2013），*Country Migration Report: The Philippines 2013*, Makati, Philippines: International Organization for Migration .
・Philippine Daily Inquirer（September20, 2010）*Many OFW dream houses in 'Little Italy' still empty*.
・The Philippine Overseas Employment Administration（POEA a）（2015年3月31日検索），*Annual Accomplishment Reports*，http://www.poea.gov.ph/ar/ar.htm.
　_____（POEA b）（2015年3月31日検索），*Deployment Statistics*, http://www.poea.gov.ph/stats/statistics.html.
・Philippine Statistics Authority（PSO a）（2015年 3 月31日 検索）、*Family Income and Expenditure Survey,* http://web0.psa.gov.ph/tags/income-and-expenditure.
　_____（PSO b）（2015年 3 月31日 検 索 ），*Statistical Tables on Overseas Filipino Workers（OFW）: 2013*,
　http://web0.psa.gov.ph/content/statistical-tables-overseas-filipino-workers-ofw-2013.
・United Nations, Department of Economic and Social Affairs, Population Division（2013），*World Population Prospects: The 2012 Revision*, DVD Edition.
・The World Bank（2015年3月31日検索)、Data, http://data.worldbank.org.

・青木秀男 2013『マニラの都市底辺層　変容する労働と貧困』大学教育出版。
・小ヶ谷千穂 2009「送り出し国フィリピンの戦略——海外労働者の「権利保障」と「技能」の関係をめぐって」日本比較政治学会『国際移動の比較政治学』ミネルヴァ書房、93-113頁。

・国土交通省海事局2012『平成22年版海事レポート』日本海事広報協会。
・佐竹眞明・メアリー・アンジェリン・ダアノイ 2006『フィリピン - 日本国際結婚——移住と多文化共生』めこん。
・知花いづみ 2014「フィリピンの労働者送り出し政策と法——東アジア最大の送出国の経験と展望」山田美和編『東アジアにおける移民労働者の法制度——送出国と受入国の共通基盤の構築に向けて』アジア経済研究所、107～139頁。
・寺田勇文 1991、「海外に職をもとめて——フィリピン人海外出稼ぎ労働の現在」中岡三益編『難民移民出稼ぎ』東洋経済新報社、77～99頁。
・新田尭之 2014年11月20日「移民レポート9 フィリピン：海外送金のメリットとコスト　消費拡大VS人材流出」『世界経済』（大和総研）。
・細田尚美 2011「海外就労先を開拓し続けるフィリピン」安里和晃編著『労働鎖国ニッポンの崩壊　人口減少社会の担い手はだれか』ダイヤモンド社、179～234頁。
・槙太一 2009「OFW，海外送金とフィリピンの経済発展」『京都学園大学経済学部論集』第19巻1号、79-96頁、。
・山田亮一 2006「フィリピン看護労働力のグローバルな移動とその課題」『Business Labor Trend』 4月、16～21頁。

（あらため・なつみ）

第14章

オーストラリアの移民政策
人口・経済問題と多文化主義の展開

水上徹男
立教大学社会学部教授

1．はじめに

　オーストラリアは連邦政府が設立した1901年に移住制限法（Immigration Restriction Act）を制定、その後、今日にいたるまで移民に関する問題が政府の重要課題となっている。第二次世界大戦後、移民政策が国家の開発政策や防衛政策と結びついて展開してきた。1970年代には、多文化主義（multiculturalism）政策を公的に採択した。これはカナダの1971年の多文化主義政策に続くもので、国内の顕著な移民コミュニティの存在や国際情勢が影響していた。本稿では、いかにオーストラリアが移民政策とともに歩んできたかについて、イギリスからの入植後の状況を簡単に紹介した後に、第二次世界大戦後、とくに多文化主義政策採択以降のオーストラリアの動向を取り上げる。連邦国家の成立前後の「白豪主義（White Australia）」に関しては、当時の移住制限と入国者の定着などについて多くの歴史的な研究があり、多文化主義については1970年代以降、政策そのものに対する批判や見直しを含めて、数多くの研究論文が発表されてきた。これまでも移民政策は経済問題、人口問題などと関連していたが、21世紀に入っても継続的に移民政策の改革が実施されている。とくに大都市圏の人口増加と結びついた移住者の受け入れについて論議されたり、労働市場や教育産業との関係が重視されたり、移民政策の方針が変化しながら展開されてきた。また、それにともなってさまざまな論議を生み出している。

2．初期の移住制限

　オーストラリアは連邦政府が成立するまで、それぞれの植民政府が移民政策などを施行していた。1788年に初代総督に任命されたアーサー・フィリップ（Arthur Phillip）の「第一次船団」が、ポートジャクソン内シドニーコープに、植民地を開設した日（1月26日）、が建国記念日とされる（Clark 1963＝1978参照）。その後に、本格的な入植がはじまった。先住民が暮らしていたのだが、今日のような移民規制はなかったため、後からやってきた移住者による植民政府が導入した移民制限などが初期の移民政策と言えるだろう。

　フィリップが流刑囚を連れてきたように、19世紀半ばまで流刑地としても機能したが、実際の人口増加はゴールドラッシュに起因する。ニューサウスウェールズやヴィクトリア植民地で金鉱が発見された1851年時点で437,665人であった人口が、1861年には約2.7倍の1,168,149人にまで増加した（Clark 1963＝1978:155）。ゴールドラッシュによる移民の流入には、英国や他のヨーロッパ諸国出身の鉱夫と中国出身者との対立を生み出した。後から鉱地に訪れた中国人による低賃金労働などを防ぐ目的もあり、連邦政府が1901年に導入した通称「白豪主義」と呼ばれる移住制限法に先立って、植民地政府が移住制限を行っていた。実際1888年までにすべての植民地政府が中国人移民の徹底した制限を打ち出している（Markus 1994: 112）。1890年代に大規模なアジアからの移民はなく、移住制限法は植民地行政官の将来を危惧した政策と考えられる（同書:113）。

　移住制限法のもとで、実際アジア系などの有色人種の入国は厳しく規制された。たとえば日本人を対象にしてみても、その後約50年にわたってオーストラリア入国が可能であったのは、年季契約を結んで真珠貝産業に携わる者の他は、商人、旅行者、学生など一定期間の滞在許可を得て入国した者だけであった。シッソンズ（1986:43）によれば、1902年から1952年の間、アジア人の居住は一時的な滞在以外は認められず、以下のような目的の限られた人のみだった。(1) 真珠貝採取業の潜水夫や船員（日本人従業員の陸上業務は禁止され、雇用契約が更新されない場合は本国送還）、(2) 国際貿易の従業員（毎年手続きを更新して許可を得る）。例外としてオーストラリアの輸出産業にとって重要な企業経営者があげられるが、3〜4年間にわたる滞在期間の延長を許可されることは希であった。

メルボルンの郊外クレイトン（Clayton）駅に近いニューズスタンドのさまざまな国のニュースなどをその国の言語で伝える雑誌の棚（2015年4月、Daniel JITNAH氏撮影）

3．第二次世界大戦後の移民に関する政策と源泉国

オーストラリアでは、最初の移民大臣であるカルウェル（Arthur Calwell）が第二次世界大戦後に開発と防衛の2つの目的で移民による人口増加を計画した。このとき掲げられたスローガン、「人口増加か滅亡か（Populate or Perish）」がその後の政策に影響を与えることになる。彼は年間2パーセントの人口増加と、その半分を海外からの移民が占めるという目標を立てた（Macintyre 1999: 198）。1947年以降大量移民導入計画が実施されて、新たに流入した移民が経済復興のための大規模な労働力となり、その後のインフラ整備に大きく貢献することになった。海外からの移民は第二次世界大戦後（1947から1973年の間）の労働力の半分を占め、オーストラリアはOECD諸国の中でも戦後の移民労働力への依存度がもっとも高い（Castles et al., 1988: 24）。

公的に大規模の移民を永住者として迎え入れた主要な目的として、先述の

通り、大陸防衛がある。とくに当時の人口で広大な国土を守ることが難しいと考えられたため、当初はイギリスからの軍隊経験者の受け入れを検討した。その背景には、戦時中オーストラリアが爆撃を受けた国は日本だけであり、日本からの軍事的な脅威もあげられる。日本軍の捕虜の扱いに対する非難も相俟って、戦争直後は反日感情が非常に高かった。移民大臣カルウェルは、海外から大量の移住者を募ったが、1948年にオーストラリア人の日本人妻や子どもを含めて日本人入国禁止を訴えていた。オーストラリアの議会内でも日本に対する不信感が強く、1950年代初期、日本との平和条約を批准することに対して反対論が強かった（フライ 1981: 97-98）。しかし、非白人制限に関する移民政策は幾分和らぎ、平和条約締結の1カ月前にオーストラリアの閣議で日本人の入国禁止が解かれ、1952年から戦争花嫁さんが上陸した（Sissons 1988:637）。

人口増加については、戦争の余波で発生したヨーロッパ大陸の大量の難民を受け入れた。1947年から1952年の5年間で17万人もの難民を受け入れたが、1947年の人口が約760万人であったため、総人口の約2パーセントの難民数となり、歴史上最も大規模な非英国系の人々受け入れとなった（Freeman and Jupp 1992: 5 ;竹田 1991: 64）。

また、渡航費の援助を行って移住者を募った。まず1946年3月にイギリス政府と主に軍隊経験者を対象に無料渡航援助に関する協定に合意した（Borrie, 1949:21）。その後も渡航費援助に関してイギリスを優先する方針が貫かれたが、イギリス系以外の白人に対しても渡航費の援助を実施する。難民を除けば、1982年まで援助システムが継続していた（Freeman and Jupp 1992: 5）。政府間協定は、1948年にマルタ、1951年にイタリア、オランダ、1952年に旧西ドイツ、オーストリア、ギリシャ、1958年にスペイン、1967年トルコ、1970年には旧ユーゴスラビアと政府間協定を結んだ（同書）。第二次世界大戦後の移民政策も、1950年代60年代の経済復興に必要となった労働力の確保と結びついて、移民の受け入れ対象国が拡大し、移民制限が緩和されてきた。イギリス、その後の西北ヨーロッパ圏だけでは労働力が確保できなくなり、中東諸国に対しても移民の募集を開始した（Partington and McCudden, 1992:4）。戦後の同時期に移住労働力を受け入れた西ヨーロッパとオーストラリアとの相違として、当時、前者がゲスト・ワーカー制度など契約移民的な受け入れ形態であったのに対して、後者は渡航費の援助をするなど永住を奨励した移民受け入れの姿勢を示したことがあげられる。

4．同化主義から多文化主義への移行

　第二次大戦以降、顕著にエスニック人口が多様化していったが、国家の同質性を維持するため、同化主義（assimilationism）を推進していた。1960年代半ばまでは同化主義が中心でアングロ系社会の成員となることを強制的に進めたため、同化が難民を含めた移民の義務であると認識されていた。行政による制度的なサービスも、制度に見合うように適応すべきとの姿勢が示されたため、非英国系出身のエスニック集団への制度的対応の問題が表面化し難かった（水上 1996:117-118）。しかしながら、1960年代には大都市圏で、南ヨーロッパからの移民人口の集中化と関係して、移民児童の教育問題が深刻になっていた。メルボルンでは教師らの学校関係者が、移民に対する制度的対応を問題視した公開討論が開催された（Martin 1978=1987: 44）。社会福祉関係者からは、既存の同化を基調とした制度に対する問題が指摘されるようになった。1960年代後半には、移民や難民が母国での資格が承認されないことが討議されたり、人的資源を有効に活用するため外国での資格や技術の認可が検討されはじめる。非英語圏出身の移住者が社会・経済的に不利益を被っていることが認識されるにあたって、大きな影響を与えたのが1966年に実施されたヘンダーソン（Henderson）らの貧困調査である。1969年に発表された貧困調査結果は、非アングロ・サクソン系の特定の移民集団の貧困が深刻であり、移民が経済的に不利益を被っていることや英語を話さない移民に対しての行政サービスの不備、情報不足を明らかにした（Henderson, 1969）。オーストラリア国内のエスニック人口の多様化は、個々の難民を含めた移住者の集団の出身国における社会的地位や職業の多様性と結びつき、社会的属性の幅広く、自国内の移住者に対する認識の変化をともない、オーストラリアの諸制度の変革を迫る要因となった（Mizukami, 2000）。

　1960年代には国内の大都市を中心にアジア社会が誕生してきた社会変動だけでなく、外交面や経済面でアジア太平洋地域とのかかわりが重要になっていた。1966年7月から1967年6月の会計年度において、日本がイギリスと入れ替わり最大の輸出相手国となり、同年のオーストラリア輸出総額の内、約5分の1を日本が占めた（Commonwealth Bureau of Census and Statistics, 1968）。さらに1970年代になると、アジア系移民が顕著に増加した。

　1960年代半ばには同化主義が、個々の集団独自の文化を否定するもので

あり、無理にアングロ文化への収斂を押しつけるとの批判も出始め、「統合 (integration)」のアプローチがあらわれている（水上 1997）。同化主義が移民による異なる文化遺産を評価することなく、同化することを強制的に進めたのに対し、統合のアプローチは、移民、難民の言語、文化も価値のあるものとみなし、最終的にホスト社会文化との相互作用によって双方が影響しつつ変化していく、という理解にもとづく。学術的にはすでに1950年代半ばに「文化的統合（cultural integration）」の概念が紹介されている。同化が単一の方向をあらわすのに対し、統合は移民と非移民双方の理解と文化変容によって規範に対する適応過程であり双方の二元的過程となる、と1956年ハバナのユネスコ会議でボリー（Borrie 1959:96）が述べた。その後、多文化主義政策において、同化主義批判という立場から統合の用語がキーワードとなった。

　1960年の時点で、移民大臣ドーナー（Alexander Downer, Sr.）は、同質性の高い国家建設を目指し、非ヨーロッパ人がオーストラリア人になることに対しての抵抗感を示していたが、その6年後の移民大臣オッパーマン（Hubert Opperman）は、移住政策に対する国内の共産党勢力からの反対を含めた国内外の圧力もあり、移民法を緩和する提議を発表している（London, 1970: 77）。1972年に登場した労働党ウィットラム（Gough Whitlam）政権は、外交方針としても人種差別反対を唱え、国内においては多文化主義を採択した。移住政策に関してもポイント・システムが導入されるなど、人種や出身国による移住基準の設定がなくなった。1970年代には、非英語圏出身者（non-English-speaking backgrounds）の生活機会の拡大を促すための言語教育が本格的に始動している。また、多様な文化や言語を維持することに対して援助の姿勢を示し、人種や国籍などによる差別を禁じた（関根 1989:367）。

　1970年代の多文化主義の採択にあたっては、国内のエスニック人口の多様化、とくに大都市で顕著なエスニック・コミュニティの存在によって、文化的異質性に対する許容度や移民による文化資本の蓄積などに対する認識が高まったという見方もある。さらに国内情勢の変化、自国を取り巻く環境や政治経済的なつながりが変化するなど、人種選別的な移民政策への抵抗感の高まりも影響していた。内外の状況変化の影響があったが、多文化主義の採択にいたったのは、多文化的状況においても社会の統合や安定が達成できるという発想が受け入れられつつあったことを意味する。実際戦後の労働力として、開発政策に移民が貢献してきた。しかし、多文化主義自体が疑問視されて論議の的になる場合もある。ここまでの状況は、同化政策を基礎としてき

た今までの移民政策に対する反省もあり、新たな制度や施設の開設に結びついていた。

5．多文化主義反対の論議

　第二次大戦後に大規模な移民を受け入れてきたが、不況による失業者の増大などの経済事情が移民の受け入れ政策に影響を与えてきた。経済政策と移民政策が深くかかわってきたように、国家の経済の動向は、多文化主義政策に対する批判の活性化にも影響を与える（水上 1996:128-129）。移民が経済成長や生活水準の向上に貢献すると信じられている時代には、非差別的な入国政策や多文化主義が支持され易いが、オーストラリアの経済指針が不確かになってくると、移民による恩恵や多文化主義サービスの支出額が疑問視されはじめる（Castles 1992:188）。1980年代半ばには、急増するアジア系移民の制限を問う大きな議論があった。その1つは、1984年にメルボルン大学の歴史家、ジェフリー・ブレイニー（Geoffrey Blainey）による「オーストラリアのアジア化（Asianisation of Australia）」との表現で移民制限を呼びかけたものである。この「ブレイニー論争」では、多文化主義という現在の移民政策は社会の安定や緊密度を低下させて、調和を乱すとの見解が発表されて移民問題が大きな議論となった（Jupp 1991: 144）。このとき、モナシュ大学のアンドリュー・マルカス（Andrew Markus）が、文化的に多様な人々が移民してきても、オーストラリアの政治制度や国民統合は弱められていないことを強調して反論している。彼に拠れば、「多文化主義を批判する者は，次のことを理解できていない。すなわち、人が生まれ持つ文化の全要素を取り去ることを期待することは、自由な社会においてほぼ決して起こらないことを求めるようなものである。文化的アイデンティティを保持することは、個人の精神的安定にとって重要な要素である。……文化的に多様な人々が移民してきても，オーストラリアの政治制度や国民統合は弱められてはいない」(Markus 1985:15)。

　1988年には後にオーストラリア首相（1996年3月-2007年12月任期）となった、当時の野党（自由党）党首ジョン・ハワード（John Howard）が、社会的緊密性を維持するためにアジア系移民の制限を訴え、多文化主義に反対した。これら2つの1980年代における多文化主義批判の論点は、アジア系移民の増加との関連がある。ハワードは人種差別主義者であると非難を浴びて一旦自由

党党首を退いたが、その後1995年自由党党首に再任、翌年首相になった。

その1990年代半ばに、新たな移民論争と多文化主義批判が登場した。クィーンズランド州出身のポーリン・ハンソン（Pauline Hanson）が提起した人種論議であり、少数民族を優遇することに因る「逆差別（reverse racism）」を問題視した（Ricklefs, 1997）。「主流であるオーストラリア人」に対する逆差別に立ち向かうという主張であり、マイノリティに対する不当な優遇政策である多文化主義の廃止やアジア移民の規制を訴えかけた。ブレイニー論争（1984）、ハワード論争（1988）と、このハンソン論争（1996）の共通点に、国家が分裂する、という主張がある。「異なるエスニック集団が織り成す多文化社会の強調は、同質性を基調とする安定を崩壊させるという論旨である」（水上 2004）。とくにハンソン論争の社会的背景には1990年代の先住民族に対する謝罪問題の表面化があり、先住民族への優遇政策反対という主張となった。ハンソンは、1990年代のワン・ネーション（One Nation）党時代の勢いはまったくないが、2000年代に入っても詐欺容疑で逮捕されたり、2007年にポーリンの統一オーストラリア党（Pauline's United Australia Party）を立ち上げるなど、近年もオーストラリアのニュースで取り上げられている。

6．21世紀の移民政策にかかわる問題

移民政策の指針が変化したり、多文化主義自体も見直されるなど紆余曲折を経てきたが、21世紀を迎える前後から移民政策が改めて経済市場と人口問題との関係を顕著に示すようになった。国際的な頭脳流入（brain gain）、頭脳流出（brain drain）という構図のなかで、専門技術者獲得のための戦略としての移民政策の展開である。連邦政府は1999年に移住者の職業と供給リスト（Migrant Occupation and Demand List）という、移住者のための職種別カテゴリーを設けて移民法を改正、続けて2001年にも改正している。国内産業で、専門技術者（労働力）が不足している領域から優先的に永住者を受け入れる方針を打ち出した。そのため、留学生がコースの終了後や卒業後に永住権を申請できるようなシステムの導入でもあった。たとえば、IT産業に関係したコースや会計士などが対象となって、留学生がコースを修了後6カ月以内に永住権を申請できる（Birrel and Healy, 2010a）。調理師やヘアードレッサーもその職種に含まれたが、これらは1年間のコースで資格取得ができる（同書）。留学生教育産業は、これまでもオーストラリアにとって貴重な輸出

産業だったが、専門技術者の獲得、とくに国内市場での需要と永住権というかたちで結びついていった。このような状況は、現行のポイント制度のなかでオーストラリアでの滞在が上陸前の申請と比べて、永住ビザ取得に優位に作用していった（関根 2012; Birrel and Healy, 2014:3）。

移民の増加に関するオーストラリア統計局の発表によると、ゴールドラッシュ時代の1800年代以降過去120年でもっとも比率が高くなった（Australian Bureau of Statistics, 2015）。2014年度（6月30日時点）の人口のうち28パーセント（660万人）が海外生まれであり、その内訳はイギリス出身者（5.2%）がもっとも多く、ニュージーランドと合わせて7.8パーセントを占める（表1参照）。それ以外ではアジア系が多く、3位の中国と4位のインドは、この10年で顕著に増加した。インド出身者は2004年度に132,800人だったが約3倍（397,200）、中国出身者は205,200人の倍以上（447,400）となった（同上）。

移民政策の改正は留学生産業の隆盛とも結びついて、これまで以上の留学生や移住者を迎え入れるようになり、エスニック人口の多様化をさらに進めていくことになった。インドなどからは顕著な移民の増加を経験したが、軋轢も生じた。2007年（後半）に首相になったケビン・ラッド（Kevin Rudd）は多くの移民を受け入れを提唱して、年間18万ぐらいの移民の受け入れを計画、2008年から2009年にかけての会計年度には、第二次世界大戦後もっとも多い200,000人の移住者の受け入れを記録した（この統計値には、永住者とそ

表1　2014年度の出生地上位10か国

出生国	人口	全体に占める割合(%)
イギリス	1,221,300	5.2
ニュージーランド	617,000	2.6
中国	447,400	1.9
インド	397,200	1.7
フィリピン	225,100	1.0
ベトナム	223,200	1.0
イタリア	201,800	0.9
南アフリカ	176,300	0.8
マレーシア	153,900	0.7
ドイツ	129,000	0.5

出所：Australian Bureau of Statistics (2015).

れ以外の12か月以上の滞在者が含まれる）。そのうち専門技術者（skilled visa）の人数は、約115,000人である（Birrel and Healy 2010b）。留学生産業は2008年度に150億ドルを記録して、同年石炭、鉄鉱石に次ぐ3番目の輸出産業となっていた。留学生で顕著に増加したのはインド出身者であり、調理師やヘアードレッサーの資格が永住ビザの取得に結びついたため、職業学校に入学するケースが目立って多くなっていた。1970年代のインドからの移住者は、おもに大都市圏出身で英語能力も高い専門技術者が中心だったが、2000年代以降は小さな町や村の出身者が多く、永住権の取得がおもな目的となっている（Singh and Cabraal 2010）。2009年（11月）、オーストラリアに120,569人のインド人留学生がいたが、約3分の2は職業訓練コースに入っていた（同書）。また、全体の4分の3以上が男性であった。その多くが渡航にあたり借金をしていたため、これらのインド人を対象としたローンが準備されていた（同書）。

　インド人留学生の数が順調に伸びていたが、深刻な問題も発生した。インド人が襲撃される事件が多発して、インド人コミュニティやメディアが大きく取り上げて政府を批判した。このような事態を受けたラッド政権は、2010年2月に移民法を改正、カテゴリーの中から調理師やヘアードレッサーなどを除外した。その後2010年に新首相となったジュリア・ギラード（Julia Gillard）は、これまでの移民政策が間違っていたと指摘して、人口問題を大きく取り上げた。オーストラリアの大都市圏では住宅価格が高騰して、低所得者の住宅取得が困難になっているうえ、インフラ整備のコストが嵩むという論旨である。大都市での移住人口の急増のため、住宅の供給が難しくなっていると考えられ、人口増加を抑制する必要性から移住者制限を訴えた。他方で、ギラードは多文化主義への傾倒を強めて、政府による新多文化主義政策として、「オーストラリアの人々（The People of Australia）」を発行し、文化の多様性などを強調した。その後2013年6月にはラッドが首相に再任されたが、9月の総選挙で自由党・国民党連合に敗れた。ギラードが取り上げたような「大きなオーストラリア（Big Australia）」への反対という人口問題は、その後の論議の中心にはなっていない。他方の「オーストラリアの人々」は、冊子の発行やウェブでの掲載など、2013年時点でも取り上げられて、政府の多文化主義を強調する姿勢は継続している。2014年度に実施された「社会的結束性」に関する調査結果によると、オーストラリア国民の約85パーセント（2013年度、84％）が多文化主義はオーストラリアのためになると考えて

いた（Markus 2014:43）。近年のオーストラリアにおける国民感情としても、多文化主義の支持率が非常に高いことが明らかになった。

[参考文献]
・Birrel, B. and E. Healy. 2010a. "The February 2010 Reforms and the International Student Industry." *People and Place*. 18（1）: 65-77.
　　　　. 2010b. "The Mineral Boom and Migration Policy: Skills Australia Debunks the Myths." *People and Place*. 18（2）: 39-50.
　　　　. 2014. *Immigration and Unemployment in 2014*, Research Report August 2014. Melbourne: Centre for Population and Urban Research, Monash University.
・Borrie, W. D. 1949. *Immigration*. Sydney: Angus and Robertson.
・Borrie, W.D. 1959. *Cultural Integration of Immigrants*. The United Nations: UNESCO
・Castles, Stephen, Mary Kalantzis, Bill Cope and Michael Morrissey. 1988. *Mistaken Identity: Multiculturalism and the Premise of Nationalism in Australia*. Leichhardt: Pluto Press.
・Castles, Stephen. 1992. "Australian Multiculturalism: Social Policy and Identity in a Changing Society." In G. P. Freeman and J. Jupp（eds.）, *Nations of Immigrants*, pp.183-202. Melbourne: Oxford University Press.
・Clark, Manning. 1963. *A Short History of Australia*. Ringwood: Penguin Books.（＝竹下美保子訳 1978『オーストラリアの歴史: 距離の暴虐を超えて』サイマル出版会）。
・Commonwealth Bureau of Census and Statistics. 1968. "Overseas Transactions." in *Official Year Book of the Commonwealth of Australia* No.54, pp.346-348. Canberra.
・フライ，ヘンリー（五味俊樹 訳）1981「環太平洋の間接的同盟――パックス・ブリタニカとパックス・アメリカーナの下での日豪関係」『日豪関係の史的展開』日本国際政治学会（編）, pp. 97-98 有斐閣。
・Freeman, Gary P. and James Jupp. 1992. "Comparing Immigration Policy in Australia and the United States." In Freeman G. P. and J. Jupp（eds.）, *Nations of Immigrants*, pp.1-20. Melbourne: Oxford University Press.
・Henderson, Ronald. 1969. "The Dimensions of *Poverty in Australia*." In G. G. Masterman（ed.）, Poverty in Australia, Australian Institute of Political Science, 35th Summer School, pp.71-105. Sydney: Angus & Robertson.
・Jupp, James. 1991. "Multicultural Public Policy." In C. A. Price（ed.）, *Australian National Identity*, pp.139-154, Canberra: Academy of the Social Science in Australia.
・London, H. I., 1970, *Non-White Immigration and the 'White Australian' Policy*, Sydney University Press, Sydney.

_____. 2014, *Mapping social cohesion, the Scanlon foundation surveys 2014*, Melbourne: Monash Institute for the Study of Global Movements.
- Macintyre, Stuart. 1999. A Concise History of Australia. Melbourne: Cambridge University Press.
- Markus, Andrew. 1985. "1984 or 1901? Immigration and Some "Lessons" of Australian History." in Andrew Markus and M. C. Ricklefs（eds.）, *Surrender Australia? Essays in the Study and Uses of History: Geoffrey Blainey and Asian Immigration*, pp. 10-35. Sydney: George Allen & Unwin.
_____. 1994. *Australian Race Relations*. St. Leonards（NSW）: Allen & Unwin.
- Martin, Jean I. 1978. *The Migrant Presence*. Sydney: George Allen and Unwin.（＝古沢みよ訳 1987『オーストラリアの移民政策』勁草書房）．
- 水上徹男 1996『異文化社会適応の理論――グローバル・マイグレイション時代に向けて』ハーベスト社。
_____. 1997「同化・融合理論をこえて――多様性にむけて」『都市エスニシティの社会学』奥田道大（編）pp.205-225.ミネルヴァ書房。
_____. 2000. "The Myth of Cultural Homogeneity and Living Together: Studies of Assimilation and Australian Multiculturalism."『兵庫教育大学研究紀要』Vol.20: 105-116.
_____. 2004「オーストラリアにおけるナショナル・アイデンティティの模索――多文化主義と20世紀末のマイノリティに対する議論を事例に」『グローバル化とナショナル・アイデンティティに関する意識構造についての実証的研究』（科学研究費報告書 研究代表：佐々木正道）, pp.123-148.
- Partington, Gary and Vince McCudden. 1992. *Ethnicity and Education*. Wentworth Falls（N. S. W.）: Social Science Press.
- Ricklefs, M.C. 1997. "The Asian Immigration Controversies of 1984-85, 1988-89, and 1996-97: A Historical Review." In G. Gray and C. Winter（eds.）, *The Resurgence of Racism: Howard, Hanson and the Race Debate*, pp.39-61. Clayton: Monash Publications in History.
- 関根政美 1989『マルチカルチュラル・オーストラリア：多文化社会オーストラリアの社会変動』成文堂。
_____. 2012「ポイント制と永住許可――オーストラリアの場合」『移民政策研究』No.4: 14-27.
- Singh, S. and A. Cabraal. 2010. "Indian Student Migrants in Australia: Issues of Community Sustainability." *People and Place*. 18（1）: 19-30.
- シッソンズ, D. C. S.（平松幹夫訳）1986「先駆者高須賀穣の足跡――オーストラリア白豪主義の除外例」『三田評論』No.869: 42-50.
- Sissons, D. C. S. 1988. "Japanese." In J. Jupp（ed.）, *The Australian People: An*

Encyclopedia of the Nation, its People and their Origins, pp.835-837. Melbourne: Angus and Robertson Publishers.
・竹田いさみ 1991『移民・難民・援助の政治学 オーストラリアと国際社会』勁草書房。

[Website]
・Australian Bureau of Statistics. 2015. 3412.0 - *Migration, Australia*, 2013-14. http://www.abs.gov.au/ausstats/abs@.nsf/Latestproducts/3412.0Media%20Release12013-14?opendocument&tabname=Summary&prodno=3412.0&issue=2013-14&num=&view=

(みずかみ・てつお)

◎あとがき

　日本社会では外国人住民が急増して、国内でエスニック人口が多様化してきている、とよく指摘される。実際その通りであるが、本書でとりあげたいくつかの国々と比較すると、その比率はまったく異なり、それほど多くはないという見方もできる。しかしながら、大都市圏では顕著にエスニック社会を観察できるうえ、国内の多文化に対する認識も高まってきているのは間違いなく、また政策的な取り組みが必要なことも明らかである。

　本書で取り上げたAPFSは、既存の制度上の問題点を指摘して行政への提言を繰り返し実施してきた。公共サービスの対象となる地域住民が、背景の異なる外国からの住民層を含むようになってきた状況下、APFSは公共サービスなどが行き届いていない、法的に整備されていない領域を埋めるように新規住民の支援を行ってきた。不利益を被っている人々への支援活動という点では、必ずしもエスニック・マイノリティに限定されない場合もある。したがって、移民政策と言っても移住してきた人々だけでなく、それを取り囲む日本社会そのものの変化と深くかかわってくる。多文化家族形成が増加している現状は、一方で増加多様化する外国人住民、他方で外国人住民と生活をともにする日本市民が直面する課題と向き合うことになる。なかには外国人住民という表現自体が、適合しないような場合もあるだろう。

　本書で扱った領域が、すべてを網羅することは到底ありえない。グローバル化の進展そのものが、さらなる課題を生み出していく。しかし今回の企画で、日本の移民政策のいくつかの問題点は明らかになった。本書をここで完結することはできない。継続的な問題、過渡期の状況を扱っていることもあり、このままシリーズとして次の企画に入るつもりである。本書を発刊するにあたって、30年近くにわたってAPFSを支援していただいた多くの日本人、外国人住民の熱い期待が寄せられている。外国人支援団体にとってもこれからの移民政策は大きな関心事である。いま移民政策に関する議論は一部の学者や研究者によってなされているようだが、各方面の方々からのご意見、ご鞭撻を頂戴いただければ幸いである。現代人文社の成澤壽信社長には企画段階から編集作業にいたるまで大変お世話にあずかった。心から感謝の意を表したい。

2015年5月
吉成勝男・水上徹男・野呂芳明

編者・執筆者プロフィール(執筆者順)

水上徹男(みずかみ・てつお)
現職：立教大学社会学部教授
主著：The Sojourner Community: Japanese Migration and Residency in Australia. Leiden: Brill. 2007。『トランスナショナリズム（Transnationalism）』（共訳、日本評論社、2014年）、『未知なる日常への冒険――高校生のための社会学』（共著、ハーベスト社、2009年）

野呂芳明(のろ・よしあき)
現職：立教大学社会学部教授
主著：『「地域貢献住宅」の可能性――安定的な居住の保障と参加・交流促進による自立した社会関係づくりを求めて』庄司洋子・菅沼隆・河東田博・河野哲也編『自立と福祉――制度・臨床への学際的アプローチ』（現代書館、2013年）、『未知なる日常への冒険――高校生のための社会学』（共著、ハーベスト社、2009年）

依光正哲(よりみつ・まさとし)
現職：一橋大学名誉教授
主著：『国際化する日本の労働市場』（東洋経済新報社、2003年）、『日本の移民政策を考える――人口減少社会の課題』（明石書店、2005年）

吉成勝男(よしなり・かつお)
現職：特定非営利活動法人 ASIAN PEOPLE'S FRIENDSHIP SOCIETY（APFS）理事・相談役。特定非営利活動法人ASIAN COMMUNITY TAKASHIMADAIRA（高島平ＡＣＴ）理事・相談役。立教大学社会学部兼任講師
主著：『在留特別許可と日本の移民政策』（共著、明石書店　2007年）、『日本の移民政策を考える――人口減少社会の課題』（共著、明石書店　2005年）、『移民をめぐる自治体の政策と社会運動』（共著、明石書店　2004年）

加藤丈太郎(かとう・じょうたろう)
現職：特定非営利活動法人 ASIAN PEOPLE'S FRIENDSHIP SOCIETY(APFS)代表理事

児玉晃一(こだま・こういち)
現職：マイルストーン総合法律事務所代表
主著：『難民判例集』（現代人文社、2004年）、『外国人刑事弁護マニュアル』（共著、現代人文社、2014年）、『コンメンタール　出入国管理及び難民認定法』（編集代表、現代人文社、2012年）

南野奈津子(みなみの・なつこ)
現職：昭和女子大学人間社会学部福祉社会学科専任講師
主著：『滞日外国人支援の実践事例から学ぶ多文化ソーシャルワーク』（中央法規出版、2011年）、『新・社会福祉士養成講座8　相談援助の理論と方法Ⅱ』（中央法規出版、2015年）、「滞日外国人へのソーシャルワーク実践及び課題に関する研究」総合人間科学（12）13-24.

本田量久（ほんだ・かずひさ）
現職：東海大学観光学部准教授
主著：『「アメリカ民主主義」を問う――人種問題と討議民主主義』（唯学書房、2005年）

アンジェロ・イシ（ANGELO Ishi）
現職：武蔵大学社会学部教授
主著：『ブラジルを知るための56章（第2版）』（明石書店、2010年）、『移民研究と多文化共生』（共著、御茶の水書房、2011年）、Transcultural Japan: At the borderlands of race, gender, and identity　（共著、RoutledgeCurzon、2008年）

宮島　喬（みやじま・たかし）
現職：お茶の水大学名誉教授。法政大学大原社会問題研究所客員研究員
主著：『移民社会フランスの危機』（岩波書店、2006年）、『一にして多のヨーロッパ』（勁草書房、2010年）、『多文化であることとは――新しい市民社会の条件』（岩波書店、2014年）

唐燕霞（Tang Yanxia）
愛知大学現代中国学部・大学院中国研究科教授、愛知大学国際中国学センター運営委員。日中社会学会理事
主著：『中国の企業統治システム』（単著、御茶の水書房、2004年）、『グローバル化における中国のメディアと産業』（共編著、明石書店、2008年）、『中国社会の基層変化と日中関係の変容』（共著、日本評論社、2014年）

張元皓（JANG Wonho）
現職：ソウル市立大学都市社会学科教授、サイバーコミュニケーション学会会長、韓国社会科学協議会事務総長
主著：（共著）*Can Tocqueville Karaoke*? London: Emerald. 2014 "Envisaging the Sociocultural Dynamics of K-pop: Time/Space Hybridity, Red Queen's Race, and Cosmopolitan Striving," *Korea Journal* 53 (4): 83-106,（A&HCI journal, first author）2013.「都市の競争力の源泉としての多文化主義――ソウル市の事例」『日本都市社会学会年報』28号（2010年）87-115頁

崔佳英（CHOI Gayoung）
現職：東京大学大学院国際社会科学専攻博士課程。
主著：「韓国における外国人労働者の児童・生徒の教育権」『相関社会科学』第18号（2009年）86-92頁、「国民教育と"民族"歴史」D.Shurkhuu, Husel Borjigin, S.Battulga編『新世紀をむかえた日本とモンゴル』（Bembi fund社、2013）、『外国にルーツのある子どもたちの高校進学に関する実態調査報告書』（共著、多文化共生センター東京、2014年）

新田目夏実（あらため・なつみ）
現職：拓殖大学国際学部教授
主著：「アジアの都市化の新局面」新津晃一・吉原直樹編『グローバル化とアジア社会』（東信堂、2006年）、「東南アジア——発展の中の人口問題」早瀬保子・大淵寛編著『世界主要国・地域の人口問題』（原書房、2010年）、「宗教と国内人口移動・人口分布」早瀬保子・小島宏編著『世界の宗教と人口』（原書房、2013年）

市民が提案するこれからの移民政策
NPO法人APFSの活動と世界の動向から

2015年5月20日 第1版第1刷発行

編　著　者	吉成勝男・水上徹男・野呂芳明
発　行　人	成澤壽信
発　行　所	株式会社 現代人文社
	〒160-0004　東京都新宿区四谷2-10 八ッ橋ビル7階
	振替　00130-3-52366
	電話　03-5379-0307（代表）
	FAX　03-5379-5388
	E-Mail　henshu@genjin.jp（代表）／hanbai@genjin.jp（販売）
	Web　http://www.genjin.jp
発　売　所	株式会社 大学図書
印　刷　所	株式会社 ミツワ
ブックデザイン	加藤英一郎

検印省略　PRINTED IN JAPAN　ISBN978-4-87798-608-7　C0036
Ⓒ 2015 Yoshinari Katsuo　Mizukami Tetsuo　Noro Yoshiaki

本書の一部あるいは全部を無断で複写・転載・転訳載などをすること、または磁気媒体等に入力することは、法律で認められた場合を除き、著作者および出版者の権利の侵害となりますので、これらの行為をする場合には、あらかじめ小社また編集者宛に承諾を求めてください。